CB022230

Clóvis de Barros Filho
e Júlio Pompeu

Moral da história

Moral da história
1ª edição: Março 2021

Direitos reservados desta edição: CDG Edições e Publicações

O conteúdo desta obra é de total responsabilidade dos autores
e não reflete necessariamente a opinião da editora.

Autores:

Clóvis de Barros Filho
Júlio Pompeu

Preparação de texto:
3GB Consulting

Revisão:
3GB Consulting e Lindsay Viola

Ilustrações:
Alice Nascimento, Sarah Medina e Filipe Garbelotto

Capa:
Pâmela Siqueira

Diagramação:
Jéssica Wendy

DADOS INTERNACIONAIS DE CATALOGAÇÃO NA PUBLICAÇÃO (CIP)

Barros Filho, Clóvis de
Moral da história / Clóvis de Barros Filho e Júlio Pompeu.
-- Porto Alegre : CDG, 2020.
176 p.

ISBN: 978-65-87885-23-0

1. Ficção brasileira I. Título II. Pompeu, Julio

20-4403 CDD B869.3

Angélica Ilacqua - Bibliotecária - CRB-8/7057

Produção editorial e distribuição:

contato@citadel.com.br
www.citadel.com.br

Clóvis de Barros Filho e
Júlio Pompeu

Moral da história

Apresentação

Se Sócrates vivesse atualmente, seria confundido com um sem-teto. Vestes puídas e pés descalços, conversando com os seus discípulos na rua. Dizem que tinha olhos saltados e rosto hediondo. Um homem feio, escandalosamente feio.

Seria condenado pela aparência. O que fazia a sua singularidade era a sua oralidade. Mas quando falava era ainda mais fora da curva.

Não teria salvação nem pelos pensamentos dialéticos, paradoxais, atormentados de lógica. Talvez fosse classificado como "sem noção".

Não devia ser um bom marido; distraído e calado em casa, preocupava-se mais com o destino da pólis do que com o casamento.

Um Instagram de Sócrates contaria com poucos seguidores. Um Facebook de Sócrates faria raríssimos amigos.

A deontologia moderna – de fugir da dor e dos incômodos – consiste em desprezar as diferenças. Tememos o enfrentamento das diferenças. Acreditamos na igualdade de rebanho, do parentesco ideológico, da polarização superficial e passional, da mordaça pela invasão e cancelamento.

Não é a igualdade da diversidade, da aceitação, da compreensão do oposto e da coexistência dos contrários.

A falsa moralidade impõe um esquadro que corta os dedos de qualquer autenticidade. É um estado de antipolítica, ou da política como polícia.

Se não há espaço para a compreender um Sócrates hoje em dia é que erramos na humanidade, acostumamo-nos com a estúpida e vã vaidade de pertencer ao senso comum, a engrossar uma mentalidade mediana, medíocre, com a anulação dos dons desde a escola, naquele retrocesso intelectual para acompanhar a turma.

Falta filosofia. Falta poesia. Falta espanto. Falta se surpreender com ideias originais. Falta empatia, que nem é se colocar no lugar do outro, mas respeitar o lugar alheio como legítimo. Pois cada um tem o direito de ser quem é e também de querer não ser ninguém.

Falta conferir as notícias ao fundo e não ser refém de *fake news*. Falta aguentar uma horinha sozinho lendo um livro, longe do celular.

É esse vazio ético que Clóvis de Barros Filho e Júlio Pompeu abordam em seu consultório ficcional, acalmando com sabedoria os tumultos interiores de quem são estranhos, socráticos, intempestivos, loucos como eles.

Fabrício Carpinejar, escritor

Sumário

Capítulo 1

Possuídos por eles mesmos

NOSSA HISTÓRIA

Depois de a casa ao lado passar quase um ano vazia, alguém finalmente a tinha ocupado. Bisbilhotei quando chegaram, encoberto pela cortininha de renda branca do quarto de cima. Cinco corpos amassados saindo da Belina descolorida.

"Uma família que veio de São Paulo", comentou o rapaz que coleta o lixo. Fiquei feliz. Nem tanto pela localidade de origem ou por se tratar de uma família. É que gente faz falta quando falta por muito tempo.

Ter pessoas por perto, como é sabido, não afugenta a solidão. Essa, ciumenta e possessiva, não deixa ninguém chegar perto. Mas as pessoas reduzem o isolamento, com suas aparições, vozes e lamúrias.

Ajudam a lembrar que existe algum outro. Gente da mesma espécie. Com os mesmos direitos. Que pensa e fala com palavras. E também se alegra, entristece, teme e espera. Que, sem ser igual nas células e na história, é como se fosse na hora de procurar algum prazer ou fugir da dor.

Só algumas semanas mais tarde fiquei sabendo melhor quem eram. Três novas moradoras. Os outros dois vieram xeretar e ajudar na mudança.

***

Adélia era professora. Desde antes da graduação em educação física. Orgulhosa de sua profissão. Nascera para aquilo, diziam todos. Depois de formada, procurava se atualizar. Não faltava empenho. Nunca. Tudo que fosse de graça, lá estava ela. Na primeira fileira.

Professora nota dez! Suas aulas sempre foram muito bem avaliadas. Quase todo ano recebia homenagem dos formandos da vez. Fosse paraninfa ou patrona, na hora do discurso, ano após ano, a emoção era incontida. Palavras embargadas. Adélia amava seus alunos.

***

O despertar na casa era sempre noturno. Digo, de segunda a sexta. Os primeiros raios de sol, preguiçosos, já alcançavam os Furtado na cozinha. Em torno da mesinha, Zenaide e Lara aguardavam pelo pão. Um pra cada. Bem quentes nesse horário. Às 5h10, Adélia abria a porta com o saquinho de papel pardo na mão.

A família era essa. Unida e harmônica. Mas família. Com os tropicões embutidos em convivência tão estreita de espaços e cômodos. Naquele horário, não passavam de sonolentas madrugadoras, estapeadas pelo mesmo alarme estridente que sempre recomeçava e nunca tolerou atrasos.

***

A Zê era a companheira desde o primeiro beijo na boca. E namorada dos primeiros encantos. Depois de um ensino médio voltado para o secretariado, começou a faculdade de letras. Período noturno, claro.

Contra todos os fundados prognósticos – afinal, nem sequer superficialmente ouvira falar de boa parte do programa da Fuvest –, acabou entrando na USP, Faculdade de Filosofia, Letras e Ciências Humanas. De primeira e sem cursinho.

Das 8h às 18h, emprestava sua pena a ilustres causídicos, doutores bacharéis em direito, em escritório na Vila Olímpia. Desses com dois ou três sobrenomes tradicionais e associados na placa grande e dourada acima da recepcionista, atrás da porta de vidro.

Começou revisando petições. Mas, em pouco tempo, a confiança aumentou, e ela passou a fazer de tudo. Suas peças chegaram a merecer elogios da alta magistratura pela clareza e objetividade. Era tida como indispensável.

***

Zê parira Lara, doze anos e alguns meses antes daquele café da manhã. Gerlara de batismo. Filha muito amada e gerada com a colaboração discreta de um banco de sêmen. Muito negra, muito viva, muito linda. Olhos enormes. Curiosa, intrigada com o mundo, falante e perguntona.

Alma de pensamento aceso, temperamento doce, moral respeitadora e afetos delicados. O resto vinha sempre dentro de um uniforme sempre muito limpo e passado.

***

Adélia tinha dois empregos. Pela manhã, numa escola privada, a escolinha, como ela dizia. Sete quarteirões de deslocamento a pé e um salário acima da média da categoria.

À tarde, ia um pouco mais longe. Pegava sempre o 474, que a deixava em frente à escola estadual. Passara no concurso durante a gravidez de Zê. Menos dinheiro que na escolinha, por certo, mas segurança de concursada, costumava dizer.

Aproveitava todo o tempinho de ônibus para estudar, sobretudo quando conseguia ir sentada. Celular na mão, fazia cursos *online*, assistia a palestras, lia manuais. Deixar o espírito vagar à solta nunca lhe fizera muito bem.

Era fã desses professores de filosofia que ficaram muito conhecidos nos últimos anos. Achava o Cortella o máximo. Pelo Karnal, então, era apaixonada. E graças ao Pondé ficou sabendo da existência de Nietzsche e de seu poderoso pensamento.

Lendo um dia Espinosa, se convenceu de que essa história de livre-arbítrio era mesmo uma grande balela. Por que diachos haveríamos de gozar de alguma autonomia se todo o resto da natureza era necessariamente daquele jeitinho? Escolhas livres e deliberações soberanas? Pura ilusão. Ou arrogância. Talvez simples pretensão. Como gostaríamos que tudo fosse: a gente no comando.

Mas ela sempre desconfiou que não era bem assim que a banda tocava.

De Schopenhauer, leu um ensaio sobre o livre-arbítrio. E aprendeu que podemos até ser livres para ir e vir, fazer e não fazer, mas que nunca seremos livres para querer ir ou querer fazer. Encantada, deu-se conta de que o querer se nos impõe, comprometendo na medula toda a nossa liberdade.

E a filosofia nutria sua alma, enquanto os dias se seguiam em curso de batalha pela vida.

***

Até o 12 de agosto de um desses últimos anos. Nesse dia, logo na primeira aula, destratada por um aluno do segundo ano do ensino médio, determinou que ele se retirasse da atividade. As ofensas verbais prosseguiram, acompanhadas de ameaças.

Já no intervalo, Adélia relatou o episódio ao coordenador da série e solicitou a imediata suspensão do pupilo destemperado.

Não precisou falar duas vezes. Era muito respeitada e querida pelos colegas. Em alguns minutos, o bilhete na caderneta comunicava aos pais do delinquente que a escola não seria, por alguns dias, o seu destino.

No fim da jornada, já de noite, na volta para casa, perto do ponto, Adélia voltou a ser abordada pelo aluno agressor. Aproximou-se acompanhado de três amigos. Adolescentes, com tamanho e força de adultos.

Ante a contemplação passiva de todos que esperavam o coletivo, foi agredida fisicamente. Com socos, chutes, insultos e extrema violência. "Sapata tem que morrer", urravam em cólera. Desacordada e muito ferida, foi levada por policiais, que chegaram minutos depois, ao hospital mais próximo.

Em meio aos golpes, pediu clemência. Disse que eles iriam matá-la. Tentou despertar compaixão. Devia saber que era o ódio que os movia. Que o tesão maior de quem odeia é dar causa à dor do odiado. Ali, o querer espancar se havia instalado. Soberano.

Aqueles vis e covardes criminosos não estavam fora de si. Muito pelo contrário. Encontravam-se possuídos por si mesmos, pela força vital preponderante. Pelo ímpeto irrefreável da destruição. Sem justificativa transcendente alguma, cada golpe desferido resultava de suas mais genuínas essências.

***

Com o carinho da família e o apoio de alguns colegas, Adélia foi se recuperando dos ossos e das carnes. Mas nunca das ofensas maiores. Dos ferimentos da alma.

Ao retomar suas funções, seguiu sendo ameaçada. Entendeu que Zê e Lara também corriam risco. Traumatizada e desprotegida, pediu licença do estado, apoiada em laudos muito favoráveis de psicólogos e psiquiatras. Vendeu tudo o que tinha e refugiou-se no interior. Com seus amores, claro.

Nos dias que correm, recupera-se acolhida na generosidade do Dr. Lauro Dantas, voluntariado apetecível aos espíritos mais elevados. Terapeuta que dá abrigo a seus traumas e sequelas. Diariamente.

Síndromes, brinca, tenho-as de A a Z.

Lara adaptou-se rápido à nova escola. Sempre viva de alegria, ilumina o mundo por onde passa, com seus olhos grandes e seu sorriso que derrete.

Zê teve que trancar as letras. Quem sabe um dia? Quando as pessoas diferentes das diferentes acabarem se dando conta de que a igualdade é coisa da matemática. Restrita aos números e ausente do mundo dos corpos viventes.

Quanto ao emprego, os doutores, generosos, não abriram mão de seus serviços. Fazia tudo à distância. Matriculou-se no curso de psicologia de uma faculdade da cidade. Engajou-se numa ONG internacional de proteção à mulher.

E, naquele dia em que me procurou, estava de malas prontas para Lisboa, onde apresentaria um trabalho sobre feminicídio no Brasil. Tocou a campainha de casa em política de boa vizinhança. Resumiu as linhas do relato acima. Entendi na hora sua preocupação.

Eu lhe dei a minha palavra. Enquanto estivesse fora, Adélia e Lara não ficariam desamparadas. Que viajasse sem receio. E que tivesse a alma em paz para defender seus ideais, com o talento de escrita que só aquele curso de secretariado poderia ter despertado um dia.

MORAL DA HISTÓRIA

Há no mundo gente tão diferente da gente. Que vive de outro jeito e gosta de outras coisas. Há gente de pele branca, preta, amarela, vermelha, e cores de pele intermediárias que não são exatamente brancas, nem pretas, nem amarelas nem vermelhas.

Há gente baixinha, nariguda e pescoçuda. Gente pobre, rica e remediada. Gente que gosta de chocolate e gente que não suporta chocolate – ainda que seja difícil de acreditar, elas existem, sim. Gente que reza para Deus, para deuses e para deus nenhum.

Podemos até classificar as diferenças: físicas, econômicas, culturais, sociais, religiosas e morais. Só não há gente igual.

A igualdade de que se fala na política e na filosofia não é a mesma coisa que encontrar por aí gente igual a você. Com mesma cor, cultura, ideias, sentimentos e por aí vai. Nem no espelho você encontra alguém assim.

A igualdade é uma formalidade. Igualdade perante a lei. Igualdade de direitos e deveres. Quer dizer que, independentemente da cor, religião ou qualquer outra diferença, os direitos e os deveres devem ser iguais. É um princípio moral de convivência.

A convivência é um desafio justamente pelas diferenças. Somos dependentes uns dos outros e nos completamos justamente por nossas diferenças. Eu dirijo mal. Sou um risco no trânsito. Mas felizmente há quem o faça com destreza. Vou com os hábeis em rápidos deslocamentos que, sozinho, seriam arriscados.

Gosto de pão, mas não sei fazer. Sei queimar pão duro no forno, nisso, tenho experiência farta. Mas para comer pão saboroso, preciso de outro diferente de mim.

Política é a arte da convivência entre os diferentes. Organizá-las para que, na complementação de habilidades, virtudes e carências, a vida de todos seja a melhor possível.

Ela requer a compreensão da nossa interdependência. Também exige um bom grau de compreensão do outro. Aceitá-lo como é, mesmo sendo tão diferente. Mesmo esquisito. Não importa. O outro é importante justamente por ser diferente.

Eu não sou como o outro. Não penso como o outro. Não sinto como o outro. Mas, apesar de toda diferença, sou capaz de entender o outro. Entender o que pensa e sente, mesmo não pensando e sentindo o mesmo.

Essa ligação compreensiva com o outro tem nome: respeito.

Respeitar é compreender o outro no que sente e pensa. Saber que ele é importante por ser diferente.

Há quem respeite só na igualdade ou, pelo menos, semelhança. Gente que rechaça de forma violenta a diferença. Que detesta tudo que não se pareça com um espelho.

Aponta as diferenças e exclui, agride, violenta. Quer o fim da diferença e convida outros a lutar com ele contra os diferentes. Chama isso de política ou ideologia. Erro. É o contrário das duas. Ao negar a diferença, nega a própria política. Ao negar quem pense diferente, nega ideologia. Sem as duas, restam apenas a intolerância e a violência.

O mundo parece mais intolerante e violento e, portanto, menos político. Também poderíamos dizer menos educado ou civilizado, posto que a educação tem por objetivo ensinar às pessoas algo útil para a convivência. Da matemática à educação física, um só objetivo: aprender algo que nos torne úteis para outros. Bons conviventes. Respeitosos e tolerantes. Civilizados.

Há um sentimento decorrente da percepção do outro: empatia. Temos cultuado pouco a empatia, sido pouco solidários com quem é diferente. Talvez porque busquemos mais "joinhas" em redes sociais, agredindo gente, do que gratidão por ações boas que praticamos ao vivo, com gente de carne, osso e sentimentos.

HISTÓRIA DOS OUTROS

A mulher escondida. Guardada. Principalmente invisível, a se esgueirar na sombra. Reprimida e, ainda assim, sob suspeita. Penso hoje que foi devido a esse clima de reclusão que a mulher foi desenvolvendo de forma extraordinária esse seu sentido de percepção, de intuição.

A epígrafe é de Lygia Fagundes Telles. Pertencente à linhagem de Machado de Assis, dada a sutileza da sua pena, tudo na obra dela é de difícil especificação. Romancista e contista, essa paulista com mais de oitenta anos de produção contínua é narradora de cortes e interrogações. Seu olhar impiedoso e lúcido, mas carregado de compaixão, examina comportamentos e padrões sem se esquecer da lubrificação conferida pela hipocrisia às nossas relações.

Seu tempo é contemporâneo, com incursões por um passado não muito distante que alcança, quase sempre, o mundo das avós.

A reconstituição desse universo é predominantemente feminina, já que os avôs praticamente não existem.

E aqui chegamos a "O espartilho", conto publicado originalmente em 1991 na coletânea *A estrutura da bolha de sabão*, narrado em primeira pessoa por uma mulher, a neta. O espartilho que dá título ao conto se torna símbolo da vida engessada pelo poder despótico da velha, a avó rica.

A neta, única herdeira, vai descobrir que sua falecida mãe era judia, segredo guardado a sete chaves pela avó, que apoiava o nazismo durante a Segunda Guerra. E vai conhecer, graças à criada da casa, todos os outros "podres" da mansão: a tia compulsiva por homens trancada num convento, outra tomando veneno um mês após o casamento para escapar de um marido terrível, outra que fugiu com o padre, com quem teve seis filhos.

Na obra de Lygia, predominará o suspense, gradativamente insinuado, como na célebre abertura do conto:

> "Tudo era harmonioso, sólido, verdadeiro. No princípio. As mulheres, principalmente as mortas do álbum, eram maravilhosas. Os homens, mais maravilhosos ainda, ah, difícil encontrar família mais perfeita. A nossa família, dizia a bela voz contralto da minha avó".

O nazismo imbrica-se no racismo de uma família ancorada na tradição do privilégio escravista. A trajetória de Margarida, criada da mansão, dá o tom: mulata, bastarda do filho da velha, é proibida de namorar branco filho de juiz, até que decide fugir com o namorado negro.

E o que a avó conclui ser a justiça divina é tão somente operação de sua manipulação. É ela quem, de fato, conspira, oprime e reprime, conforme reflete a neta:

> Aprendi desde cedo que fazer higiene mental era não fazer nada por aqueles que despencam no abismo. Se despencou, paciência, a gente olha assim com rabo de olho e segue em frente. Imaginava uma cratera negra dentro da qual os pecadores mergulhavam sem socorro. Contudo, não conseguia visualizar os corpos lá no fundo e isso me apaziguava.

O jogo de gato e rato entre menina e a avó atinge o sadismo. A matriarca só se sentirá contente quando a neta sofrer.

Assim, por meio de cada revelação, o longo conto vai--se acompanhando o fortalecimento da moça por meio das provações e da superação do medo.

Mas, em vão, o leitor almejará por catarse. Deverá aceitar que não há redenção possível, que a irresolução pairará no fim.

Lygia Fagundes Telles é dura em seus diagnósticos. Desses contos, pequenas obras-primas que assumem a forma mais clássica, fará exalar a grande fragilidade e o desespero da nossa condição.

Capítulo 2

84 em candela

NOSSA HISTÓRIA

As portas finalmente se abriram.

Em meio aos gritos de passageiros que se esmagavam para sair, um homem corpulento pedia calma. Parecia negociar com os que continuavam lá dentro. Levava nas costas alguém agarrado em seu pescoço.

Com um pé na calçada e o outro ainda enroscado no interior do veículo, logrou equilíbrio improvável. Puxou como pôde, tentando resgatar sua perna presa entre tantas outras igualmente trêmulas. Na operação, o sapato se perdeu para sempre.

E daquele jeito mesmo, semicalçado, pôs-se a correr por dois, com alma de velocista e arranque de um basculante na subida em rampa.

Mas eu não conseguia acelerar. A obstinação em não perder aquele mesmo ônibus me fizera esticar, e muito, os limites de minha pífia condição aeróbica. Afastei-me como pude na mesma direção. Fugia com medo emprestado, na onda das fisionomias em terror. Sem ideia do que os apavorava tanto.

Alguém teria gritado: vai explodir!

Até que, bem nas nossas costas, houve um estrondo abafado. Desses raros que são tão altos, que chegam um pouco além do que conseguimos ouvir. Os tímpanos resistem como podem, vibrando no talo, deixando de fora um bom pedaço de barulho.

O que deu pra perceber foi como um disparo de rojão, como os das festas juninas e passagens de ano. Só que multiplicado por algumas centenas de unidades, talvez. De decibéis e estragos. Uma primeira explosão, seguida de várias outras menores.

Ganhamos distância sem perder de vista o perigo. Ainda não estávamos completamente a salvo. Vestígios incandescentes, projetados para todos os lados, rasgavam o fundo do cenário, zunindo agudo, em trajetória imprevisível.

Bastaram alguns minutos. A carcaça gigante do monstro já não estrebuchava mais. O negrume de tudo derretia, sem pressa, seus ossos mais resistentes, em chamas já não tão altas. Quando os bombeiros e a polícia chegaram, só havia luto e desalento.

– Aparentemente, sem vítimas fatais – antecipou o jornalista da rádio local.

O homem corpulento finalmente sentiu-se seguro. Sentou na sarjeta, extenuado. O outro, mais franzino, ainda em choque, seguia atracado em seu tronco hospedeiro, com os antebraços a estrangulá-lo. O corpo imóvel, as mãos retorcidas, o olhar gigante e paralisado, os dentes serrados e a saliva em espuma sinalizavam o impacto devastador da experiência.

***

Toda essa confusão teve início um pouco antes. Comecei pelo fim, como fariam alguns escritores de verdade, para tentar iludir os leitores mais incautos. Quanto aos outros, terão farejado a farsa do flibusteiro desde as primeiras linhas.

Era o meu ônibus, já parado no ponto. Vi de longe o "84" na sua lateral. Segundo meu "chutômetro" das intuições práticas, não daria tempo. Mas resolvi arriscar. Acelerei o quanto pude. O percurso correndo não seria em linha reta. No meio, havia uma praça com seus caminhos hesitantes, ziguezagueando em torno de um parquinho. Mais valia cruzar entre os balanços e saltar o eixo das gangorras.

Passar pela grama, nem pensar. O jardim era muito bem cuidado. Orgulho dos moradores do bairro.

Achei de verdade que não conseguiria alcançá-lo. Aos domingos, os ônibus circulam mais vazios, com pouca gente para entrar e sair. Não se formam as filas dos dias úteis. As paradas, quando acontecem, são sempre mais rápidas. Além disso, com menos veículos em circulação, os intervalos entre um e outro são mais longos.

Se perdesse aquele, o próximo, só em meia hora.

Embora eu já estivesse no meio da praça, as chances de êxito continuavam remotas. O ímpeto ia arrefecendo no ritmo dos batimentos de um coração saindo pela boca. E o ar estava mais ralo e curto a cada inspirada.

Mesmo com a vesícula no bico do corvo, aquele mesmo que não largava do bucho de Prometeu, nunca fui de aceitar planos B antes da hora. De me resignar tão fácil. Enquanto o motorista não pisasse no acelerador, a esperança turbinaria meus passos.

O chão pisado ia escapando por debaixo dos pés numa sucessão atropelada de cores, texturas, pequenos obstáculos e muita limpeza. A mirada afoita dava conta intercalada tanto do 84 – ainda imóvel e cada vez mais próximo – quanto dos corpos de intermédio, que teimavam em retardar o encontro.

Só mais uma dezena de metros, em fôlego asfixiado. Incrível. Estava a ponto de conseguir.

O motorista dera uma estranha colher de chá. Impossível saber se percebera meu drama e, piedoso ante o empedernido esforço, decidira, sem mais, proporcionar-me tão rara conversão de desejo em alegria. De pretensão em satisfação. De meta em conquista.

Enfim. A vida ensina: tudo é possível. Riqueza do real que zomba de nossas ciências, estimativas e probabilidades sempre redutoras. Que esfrega na cara da empáfia sabichona seu ineditismo perturbador. Que faz decolar a banana, alinhada na pista, sem nenhum impulso externo, em expresso descumprimento das ordens da torre.

E com a autoridade que meio século de transporte coletivo diário me confere, deixo registrado: no quesito improbabilidade, aquela espera do 84 pela minha presença dava de dez na nanica rebelde.

***

Essa de conseguir no grito simpático e na súplica do gestual ofegante um chorinho de alguns segundos ou um abrir de porta fora do ponto é mimo de existência convivial que jaz na memória saudosa de adolescente dos anos 1970. Na época, ainda na alameda Lorena, lancinado pela frustração, eu assistia à passagem toda dengosa do famigerado trólebus, cheio de ruídos agudos, subindo a Augusta rumo à Paulista.

Tempos em que se remediava quase tudo.

Restava persegui-lo. Agarrar-se a alguma de suas saliências externas e negociar com o cobrador a entrada, batendo no vidro da janelinha. Um "joinha" de dedão costumava bastar.

Esse tipo de camaradagem foi desaparecendo em São Paulo. Eu não haveria de contar com ela logo ali, bem abaixo dos Pirineus, onde os ângulos retos dos protocolos, com suas quinas bem expostas, excluíam qualquer vestígio de encurvamento.

Entre a conduta prevista e qualquer outra inaceitável, nenhum tom de cinza ousaria desafiar a moral em duas colunas: a do permitido e a do proibido. Toda complexidade perturbadora era asfixiada no nascedouro, antes mesmo de pensar em argumentar.

O respeito estrito aos horários tinha indiscutível primazia ante o desespero suplicante de usuários impacientes. Tudo em nome de uma ética que aprenderam a aplaudir desde o pré-primário da vida em civilização.

O funcionamento mais perfeito possível de um sistema que atende a todos deveria sempre prevalecer, como é óbvio, sobre qualquer comodidade particular que o colocasse em risco.

***

O 84 saía de Orvina – pronuncia-se com "b" – dois pontos antes do meu. Passava por toda a avenida Marcelo Celaieta – e esse "C", tanto do nome quanto do sobrenome, diz-se com a língua grudadinha nos dentes de cima. Atendia à miúda estação de trem, a Renfe, como diziam.

Entrava no casco velho, subindo a rampa em curva, bem em frente ao Hotel Três Reis, e terminava sua rota perto da universidade. Na frente da famosa Clínica onde esteve internado o rei D. Juan Carlos, diziam todos, orgulhosos.

Para quem não conhece Pamplona, uma sequência de experiências pra lá de representativa.

De fato. Naquele recorrido do 84, termo de uso local, a cidade passava pela janela em rica diversidade de paisagens, do subúrbio mais pobre até as zonas endinheiradas, com avenidas amplas e sua gente bem-vestida.

Navarros que adoram caminhar pelas alamedas da sua capital com cadência, postura e identidade, plenamente reconciliados com o pedaço do mundo que habitam. Nada a ver com o borramento pasteurizado das manchas humanas, sem forma definida, em circulação apressada nas ruas das megalópoles.

***

Por alguma razão, o 84 demorava-se a partir. Fiz sinal ao motorista, já seguro de tê-lo alcançado. Solicitei a abertura da porta de entrada. Ante a recusa muito alterada, dei-me conta de que passava algo "raro", como dizem os espanhóis quando algo é apenas estranho.

Eram uns quinze. Todos encapuzados. Tinham tomado o ônibus de assalto segundos antes da minha chegada. Alguns encharcavam cada canto com substância explosiva, talvez simples querosene. Outros, aos gritos, amedrontavam os passageiros. E os últimos permaneciam atentos a cada movimento no exterior.

Enquanto eu solicitava a abertura da porta, todos ali dentro encontravam-se reféns. Vítimas de um atentado terrorista. Quando finalmente a porta se abriu, o corpulento sem um dos sapatos, carregando nas costas um franzino imóvel, precipitou-se em disparada. Comigo ao encalço.

Alguém terá dito: vai explodir!

***

Ali um homem salvara a vida de outro, arriscando a sua própria. Eram amigos. Dividiam o apartamento. Faziam, ambos, doutorado na universidade, em ciências da comunicação.

O corpulento era grego. Estakianakis, assim se apresentou. Sobrenome, suponho. Bolsista do governo de seu país. Perseguia o título de doutor que lhe abriria as portas do mundo da academia. Seu sonho era ser professor e pesquisador da Universidade de Atenas.

Um homem raro que parecia levar em conta, a cada gesto, as emoções de quem pudesse afetar. Para além dos protocolos de gentileza e fidalguia, interessava-se genuinamente pelas ocorrências vividas e pelas alegrias e tristezas decorrentes.

O franzino era colombiano. Julio Lizarazu. Com má-formação congênita nas pernas, pés, mãos e coluna, deslocava-se em seu ritmo e por distâncias compatíveis. Não tinha bolsa. Sobrevivia do seu trabalho: dar forma final às dissertações e teses dos alunos da universidade.

Preguiçosos estudantes de graduação também o procuravam. Contavam com ele para aportes de conteúdo. Não raro, acabava fazendo toda a tarefa.

Era muito querido por todos. Sempre havia quem lhe confiasse aquela parte superchata de adequação da produção acadêmica às normas de apresentação. Mal dava conta da demanda que lhe chegava, mas fazia sempre tudo o que podia. No final de ano, virava noites para atender seus clientes.

Pela falta de parâmetros de preço e pelo estilo compreensivo e pouco anguloso de se relacionar, Julio cobrava pouco. Cedia de pronto à primeira pechincha. Por isso, embora sempre entulhado em pilhas de papéis, tinha uma vida bem apertada.

Estakianakis, ciente da relativa penúria, além de dividir todas as contas, era generoso como podia. Com o pretexto do deslocamento custoso e das compras pesadas a trazer nos braços, encarregava-se sozinho do supermercado.

E fome, os dois amigos não passavam. Pelo contrário. Revezavam-se na cozinha, com algum talento e muito apego às origens, cabendo ao outro da vez a louça e demais arrumações.

***

Naquele domingo, concederam-se folga doméstica. Almoçariam pelo centro e assistiriam ao último filme do Woody Allen – convite do grego, que completara 30 anos naquela semana. Era pelas 13h de um sol baixo de inverno quando passou o 84.

O motorista, conhecido de ambos, saudou-os com um bom-dia ultranavarro. Mais grave e gutural, impossível.

Sentaram-se no primeiro banco, destinado a pessoas com necessidades especiais. Duas dezenas de passageiros, ou um pouco mais, já se encontravam acomodadas. Cada um na sua. Espaço de pouca amabilidade fingida, mas de muito respeito, onde as prerrogativas alheias valem para todos.

Com os dois amigos adequadamente instalados, fecharam-se as portas para a nova partida.

Tudo na paz e ordem habitual.

Só que não. O mundo resolveu apimentar o passeio com emoções inesperadas.

Foi justamente esse fechamento que os terroristas impediram, até que todos eles tivessem entrado. E como o comando já fora acionado, as portas acabaram se fechando em seguida, com todos dentro. Impossível entender o que diziam, pelo idioma e pelos capuzes. Mas o querosene autorizava fácil interpretação.

Renderam o motorista e determinaram a reabertura das portas. Exigiam a imediata e rápida evasão dos passageiros. Tinham tempo curto para executar. Estava claro que não pretendiam matar ninguém, mas não dariam mole para distraídos.

Foi quando Estakianakis levantou a mão, como que pedindo pra falar. Cacoete de quem nunca saiu da escola. Tentou explicar em espanhol de grego que seu amigo teria dificuldades para sair dali na velocidade esperada.

Antes de terminar a frase, foi duramente golpeado com a coronha de um revólver, entre ombro, clavícula e rosto.

A chama que explodiria o veículo estava para ser acesa em segundos. Julio clama ao amigo que se salve. Que escape. Que fuja sem ele. Só um poderia se salvar.

O grego segurou seu rosto com as duas mãos e lhe gritou na cara, com o sangue em ebulição.

– Vamos sair daqui juntos. Agarre-se em mim. E não solte de jeito nenhum.

Incontinente, o colombiano atracou-se em suas costas. Antebraços no pescoço. Pernas encolhidas. Olhos arregalados.

Seu protetor, com alguma dificuldade, pôs-se de pé. E rogou aos terroristas um mísero segundo adicional.

Outro golpe foi a resposta mais esclarecedora. Um pontapé nas pernas, dessa vez. Duro demais para quem mal conseguia se equilibrar.

As duas portas encontravam-se obstruídas pelos passageiros em pânico.

Estakianakis pedia calma. Mesmo na extrema urgência, não se aproveitou de sua envergadura para ganhar espaço. Pelo contrário, esgueirou-se quanto pôde. Com o obediente colombiano a enforcá-lo.

A primeira perna, a direita, já alcançara o solo. Restava passar o resto do corpo. E a esquerda, recém-agredida.

Segundos após as explosões, os amigos estiraram-se pela sarjeta. Um deles ria nervosamente.

– Dessa, não esqueceremos nunca mais.

O outro permanecia calado. E imóvel.

Ouviam-se aplausos? Não, nada a ver. Mas... estranho! Pareciam aplausos. Cada vez mais nítidos e intensos. Eram aplausos. Não havia dúvida.

Uma pequena multidão foi se formando em volta. A televisão local e seus profissionais da notícia, alertados, acudiram prontamente. O episódio salvaria o dia. Cabeça de todas as pautas, com certeza.

Ainda mais num lugar como aquele. Terceiro em qualidade de vida de toda a Europa. Segundo em satisfação de seus habitantes. Primeiro em conformidade com o mundo como ele é.

Lugar onde nada acontece.

Ali fatos jornalísticos apetitosos minguam no deserto da felicidade aprazível, da vida tranquila, do vazio quase absoluto de sobressaltos.

O estudante ateniense era o alvo de todos os indicadores em riste. O sangue do seu rosto tingia de ofensa e agressão o figurino imaculado da virtude cidadã. Todos os relatos das testemunhas convergiam no seu protagonismo. Uns hiperbólicos, outros mais serenos, mas, em todos, uma única certeza.

Orvina tinha um novo herói. Pelo menos até o dia seguinte. Era Dimitri Estakianakis, que acabara de salvar a vida de seu grande amigo Julio. Julio Lizarazu, pessoas com necessidades especiais, torcedor do Milionários de Bogotá. E do Real Madrid, nas horas vagas.

MORAL DA HISTÓRIA

A moral da história parece ululante. Escarrada e piscando em neon. A narrativa enaltece a conduta de Estakianakis. A vida é implicitamente tomada como de grande valor. Muito preciosa. Age bem, portanto, quem a protege. Julio é frágil e fisicamente incapaz de lutar pela sua. Assim, a ação do amigo só pode merecer aplausos. Graças a sua iniciativa, duas vidas foram poupadas.

Mas é possível pensar diferente e submeter a ação do grego a outra avaliação. É o que certamente proporia seu conterrâneo Aristóteles depois de ler o nosso relato. Vale muito o exercício de pensar como ele.

Virtude e hábito

Há um jeito que é próprio dos gregos antigos de pensar a vida do homem.

Cabe ao homem conhecer-se a si mesmo antes de mais nada. Se o vento, enquanto massa de ar em deslocamento, é perfeito para cumprir seu papel num universo ordenado e perfeito denominado cosmos, o homem também deveria sê-lo. Cabe-lhe, portanto, identificar suas próprias características naturais e, só então, explorá-las à perfeição.

Virtude é a palavra usada quando tudo isso dá mais ou menos certo, o homem patrocinando, para si mesmo, harmonioso encaixe no todo a partir da natureza que é a sua. E como a grande máquina cósmica não para nunca de funcionar, só resta entendê-la como um hábito.

Sim, a virtude que confere valor à vida do homem e a cada uma de suas ações só pode ser um hábito.

Isso significa que só haveria virtude na constância, na repetição. No mais estrito cotidiano, portanto. Prática de todo dia, de toda hora, que requer regularidade, pautando a vida sem trégua, conferindo coerência entre seus distintos episódios. Na ribalta do espaço público tanto quanto no anonimato mais solitário.

Assim, as condições existenciais da virtude seriam as mesmas da higiene bucal, do café matinal, do almoço no refeitório da firma, do ônibus fretado que leva e traz de volta, do futebol de domingo à tarde, como também do estrelato, da celebridade, do controle impiedoso do olhar do outro.

A virtude, portanto, nada teria a ver com o excepcional, o inusitado, o inédito. Com ocorrências que não voltarão a acontecer tão cedo. Com aqueles instantes especiais de existência quando caprichamos para aparecer bem na fita.

Assim, um eventual gesto heroico, altruísta e de rara nobreza, como o de Estakianakis em Orvina, pondo a vida em risco para salvar a vida de um amigo, se não fizer parte de um cotidiano repetido, configurar um jeito de viver, uma prática constante, nada teria de virtuoso.

E, sendo um hábito, a virtude nada tem de inata. Pelo menos não completamente. Todo hábito tem um quê de aprendizado, de educação, de orientação. Assim somos preparados, educados a adquirir certo hábito que lá no começo requereu de nós certo entendimento a respeito do bom jeito de viver.

Todo hábito se materializa. E o hábito virtuoso se materializa num piloto automático do bem, mas que careceu de um pontapé inicial refletido, pensado, escolhido, decidido. Assim, sendo resultado de um aprendizado, o hábito da virtude advém de pertencimento a um coletivo, de interação numa sociedade, de vida numa *polis*.

Haverá, portanto, espaços de convivência e de interação social mais propícios e competentes a ensejar e permitir o surgimento desses hábitos. São espaços do bem, virtuosos. As decisões e ações daqueles que vivem em harmonia com o todo servem de referência, de modelo, para os que estão aprendendo. É um engajamento universal de responsabilidade cósmica por intermédio da educação.

Em espaços virtuosos, na obviedade que todo hábito acaba consagrando, elegem-se legisladores e governantes com disposição sincera a criar condições de vida virtuosa para todos. Suas escolas teriam como meta maior a preparação dos infantes e dos jovens para essa vida de harmonia, integração e respeito pela própria natureza.

Dessa forma, a moral da história aqui seria bem outra. Seja pela habitualidade, seja pela índole política e social, a ação virtuosa passaria bem longe do gesto episódico e solitário que faz luzir uma individualidade aberrante face ao meio mediano e medíocre em que se produziu.

Nos filmes, o bem enfrenta o mal, raras vezes sozinho. O comum é ter uma mocinha a proteger e nada mais.

Elemento romântico da trama. O mal é sempre poderoso, desproporcional. O bem, fracote, às vezes, vacilante. No clímax, surge o herói. Uma trilha sonora empolgante avisa o espectador que agora o bicho vai pegar. Num desfecho rápido, vence o mal. Na vida real não é bem assim.

Os males não são tão poderosos, nem os heróis tão sagazes, quanto os dos filmes. O comum é ter gente comum. Mal e bem comuns. Como uma torneira que quebra no dia da festa ou um sujeito mal-humorado que lhe atravanca o caminho só de pirraça.

Há quem prepare o espírito para momentos assim. Para não ser surpreendido. Treina mente e músculos para que saibam como agir sem planejamento ou pensamento elaborado. Faz tudo tornar-se reação instintiva, coisa automática. Exige muito treino, como o dos pacientes japoneses e suas artes marciais.

Mesmo a maioria de nós não sendo samurai ou super-herói, às vezes fazemos coisas super-heroicas. Sem pensar. Sem planejar. Agimos surpreendidos e, no susto, fazemos algo que nem sabíamos que poderíamos fazer.

O heroísmo cotidiano é mais frequente que o heroísmo extraordinário, e também mais importante. A vida é feita de momentos ordinários. De luta, do despertar ao dormir, por alimento, segurança e felicidade. Nem sempre conseguimos os três. Muitos, nem um dos três.

Há muito de heroísmo em quem luta contra os males cotidianos. Verdadeiros Ulisses em Odisseias banais, mas não menos fantásticas, enfrentando com honestidade, coragem e afeto a desonestidade, a covardia e a indiferença.

São heróis sem aplausos. Há os aplaudidos, os dos heroísmos extraordinários. Têm seu valor. Inspiram. Causam inveja aos que não têm as mesmas virtudes. Talvez levem a um primeiro passo para uma transformação íntima. Ou, ao menos, são um alento de que o mundo não seja apenas vilania e injustiça.

Um e outro têm coisas em comum. Coragem. Força que supera o medo. Todos nós a temos. Uns têm muita. Outros, pouca. O que conta é a força íntima, não o desafio.

Paralisado diante do perigo, o inerte culpa o medo. A medonhidade do medo. A grandeza do medo. Medo é sentimento. Efeito da incerteza sobre uma possível dor ou tristeza.

Para a coragem vencer o medo, é preciso afastar a incerteza. Ou não ligar para a dor ou tristeza, porque sabe que o destino o favorecerá ou fará valer a pena. Ou, ainda, não pensar na dor ou tristeza, o que é o mesmo que não ter incerteza.

De onde vem sua coragem? Da autoconfiança? Da fé? Ou da ignorância?

HISTÓRIA DOS OUTROS

Sozinho ou atuando num bando, a existência do sujeito armado, valentão, foi na história do Brasil um fenômeno comum, mas especialmente no meio rural, em que a força da lei e do Estado tantas vezes não se fez sentir. Assim, é natural que o regionalismo literário que o descreve tenha, desde sempre, abordado o jagunço.

Em "A hora e a vez de Augusto Matraga", conto publicado em 1946 no livro *Sagarana*, já podemos encontrar as matrizes do jagunço do escritor mineiro Guimarães Rosa, que despontará com força em sua obra-prima, *Grande sertão: veredas*.

Aqui há um valentão que age com capangas pelo sabor da imposição: Estêves ou Matraga, nosso protagonista. O chefe local e de grupo mais organizado: Major Consilva. E o grande bando mais expressivo da região: o de Joãozinho Bem-Bem.

Espancado, à beira da morte, Matraga é salvo por um casal de bons velhinhos e, ainda convalescente, decide ir com eles para o norte, em busca da salvação de sua alma. Numa decisão comovente, declara: "Eu vou para o céu, e vou mesmo. Por bem ou por mal!... E a minha vez há de chegar... P'ra o céu eu vou, nem que seja a porrete!".

Estabelecido no norte, passa a viver outra vida, de trabalho penoso e abnegação.

Um dia, o bando de Joãozinho passa pelo seu bairro, e ele os recebe maravilhado por seu aparato violento, mas resistindo ainda em segui-los.

Mais tarde, na estação das águas, junto da terra renovada, nasce de novo o Estêves, e ele assim decide ir embora, refazendo agora para o sul seu caminho. Nesse movimento, reencontrará o bando de Bem-Bem, que, reconhecendo nele a força de um autêntico jagunço, oferece novamente um lugar no grupo, dessa vez em substituição a um dos seus que havia sido assassinado. As armas do rapaz o tentam, mas ele se domina.

De repente, chega a notícia de vingança que será exercida sobre a família de um velho cujo filho matara o tal rapaz. Como Joãozinho Bem-Bem se recusa a atender a súplica do homem, Matraga, passando imediatamente à cólera, invoca a providência divina: "Pois então, satanás, eu chamo a força de Deus p'ra ajudar minha fraqueza no ferro da tua força maldita!".

Assim, a voz de Estêves entra em cena como resposta à invocação do velho. Sentimos com ele, nesse momento, a alegria de uma conjunção peculiar: quando o exercício da pior veleidade se torna ato de redenção.

"A hora e a vez" de Augusto Matraga consistem em salvar sua alma por meio da violência, do ato de matar do jagunço que ele sufocara com tanta força até então.

Guimarães Rosa faz, daqui, um arremesso: a violência em sua obra produzirá um resultado diferente do que se espera da dimensão documental.

Do duelo com Joãozinho, ambos saem mortos, e, da situação de jaguncismo comum, pela primeira vez na nossa literatura emerge um sentido simbólico. Ser jagunço torna-se afinal uma opção de comportamento, de coragem.

"P'ra o céu eu vou, nem que seja a porrete!", disse Matraga, tornando, assim, ser jagunço instrumento salvador, de valentia.

Capítulo 3

Espelhos de Arlindo

NOSSA HISTÓRIA

Arlindo José. Assim se chamava. Ele e o resto do mundo faziam questão dos dois nomes.

De Souza ou Soares, não lembro bem. O sobrenome nunca fez diferença. Quem arranca com um Arlindo José não precisa ir até o fim.

Cara gente boa estava ali. Alma que valia amizade e meia. E feiura de manual.

Sei que não faltarão chatos a objetar. De fato, o belo e o seu contrário sempre mereceram considerações filosóficas sofisticadíssimas. Aceito, portanto, a acusação de inconsistência e leviandade. Mas arrasto comigo todos os professores do pensamento antigo, que inauguram suas páginas falando do nariz e do globo ocular de Sócrates.

Em homenagem à boa companhia, mantenho o que disse, sem o que não rolaria o resto da história. E este livro há de precisar de cada uma delas. Não há talento criativo que permita abrir mão de nada. Só por essa, a feiura de Arlindo José ficará desse jeito mesmo.

E, depois, refiro-me ao que todo mundo achava – inclusive o dito-cujo. Estou sabendo que essa unanimidade não garante nenhuma verdade, mas, talvez, borrife álcool na lenha da suspeita.

Se há dubiedade, porém, quanto à beleza, certamente não há quanto à reputação. Epicuro era tido por devasso. Essa afirmação é verdadeira, ainda que esse atributo de caráter não correspondesse a nada a sua vida, nem a seus pensamentos, nem atitudes.

Como eu ia dizendo, a reputação de Arlindo José – construída em polifonia afinada de discursos – fora muito bem acolhida pelo seu entendimento de si. E ser feio acabou não só sendo aceito, mas também enunciado como traço forte de identidade.

De fato, era sempre por aí que ele começava a se apresentar. Pela feiura. Logo depois do nome. Comprara para si a alcunha, com seu significado mais cristalino. E não estava nem um pouco disposto a abrir mão dela.

Lembro-me de um desabafo seu:

– Se não dá pra bancar a beleza, melhor assumir-se como feio de uma vez. Já que é preciso ser alguma coisa para conseguir algum reconhecimento, melhor comunicar com clareza e facilitar a tarefa. Atributos meias-bocas não dão conta. Alguém tomado por "nem uma coisa, nem outra" vai precisar de mais informação para ser encontrado.

Baixo e muito encurvado. Coxo discreto. Calva incompleta. Capilaridade toda concentrada no posterior baixo do crânio, cobrindo a nuca em ondulação única. Barba branca e bigode com pontas amarelecidas pelo cigarro. Pele sentida, de rugosidade magoada. Feições esculpidas por um mundo que, havia muito, martelara de todos os lados.

Estrábico, fitava seus interlocutores de lado, entortando o pescoço sempre para a sua esquerda. Óculos de leitura na ponta de um nariz sem ponta, mas muito grosso de ossatura. Com o resto do mundo, bem nítido, passando por cima das lentes.

Voz de fumante antigo. E ofegante ao simples falar.

Já era viúvo quando o conheci. E desde então não tive notícia de outro envolvimento. O porta-retratos antigo, com a foto de Eleonora muito jovem e vestida de noiva, ia e voltava todos os dias na mala de couro preta. Ele a amou em vida e seguia amando sua memória.

No embalo das lembranças, o passado da vida compartilhada ganhava cores, brilhos, odores e ruídos em relatos de imaginação solta, em que a fantasia e o fantástico atropelavam o verossímil com charme criativo e apetitosa seleção de vocábulos. Detalhes de sobra, na opinião de quase todos, para comprometer sua sanidade psíquica.

***

Convivemos por alguns anos na universidade, dos 45 aos 60 dele. Ambos servidores, parceiros de atividades complementares.

Enquanto eu dava aula, ele preparava seu próprio café, em coador de pano apoiado no bule gigante. Todo dia o mesmo procedimento. Sempre defendi que – ante a improbabilidade aguda de um Nobel – o departamento ganharia fama internacional com aquele café. Não era fácil reunir numa só iguaria tantos atributos, algo digno do *Guinness*: os renomados três efes de frio, fraco e fedido. Acrescidos dos mais raros AVI: aguado, verde e "intomável".

O pior café do mundo era Arlindo José que preparava. Não tinha pra ninguém.

No meu descanso, ele limpava a sala, sempre com muito esmero. Percorria em zigue-zague as fileiras e as colunas, respeitando um protocolo cuja racionalidade justificava a quem pudesse interessar.

Ágil e muito focado, em poucos minutos devolvia higiene ao entorno. Alterava panos, vassouras e espanadores segundo o tipo de sujeira deixada pelos alunos.

Apagava também a lousa.

Com a troca do giz pelos pincéis atômicos, servia-se de um pano com álcool em metódicos movimentos circulares, de modo a restabelecer rapidamente a virgindade gráfica original.

A perfeição era o seu grande barato. Deixava tudo sempre impecável. Eu o admirava por isso e tinha orgulho de ser seu parceiro.

Quando podíamos estar juntos, aprendia muito com ele.

***

Arlindo José tinha um jeito muito particular de ver o mundo e atribuir valor às suas coisas. Em meio a incontáveis tiradas pitorescas, um dia comentou que não tinha espelho em casa. E que, ao frequentar espaços providos de um, como o banheiro do departamento, esforçava-se ao máximo para evitá-lo.

Em bate-papos assim, costumo deixar as pessoas bem à vontade para explicar o quanto quiserem. Nem curioso, nem pentelho. Um Sócrates às avessas. Se quiserem encompridar a conversa, ouço com interesse. Mas não fico escarafunchando. O prazer de desenvolver ideias e de enunciá-las espontaneamente é de cada um.

Mas com Arlindo José era diferente. Éramos colegas de todo dia. E suas afirmações, sempre intrigantes, embaralhavam todo senso comum. Não aguentei e pedi explicações.

O bedel – termo antigo para designar aqueles que faziam nas escolas o mesmo que ele – tomou então a palavra com pose de quem vai elaborar as frases mais precisas e articulá-las com respeito contrito à lógica. Ele realmente não fazia nada por fazer, nem mesmo seu famoso café, de pó torrado em casa, a partir de grãos cuja procedência não se revelará nunca e coado em bule da herança do tio Malachias. Ocupava "empafiado" a prateleira de cima do pequeno armário destinado aos seus pertences.

Arlindo José estaria, a qualquer tempo, perfilado, de coador na mão, para defender o magistral brasão e as cores da universidade em toda eventual disputa. Afinal, como sempre dizia, nunca faltarão detratores, empenhados em deslegitimar as façanhas do mais qualificado centro de ensino, pesquisa e extensão do continente.

Em suma. Tratava-se de um homem de excelência.

Voltando ao espelho:

– Vou lhe explicar. É a sua vez de prestar atenção. Um espelho pode mostrar qualquer coisa que esteja à sua frente. Basta posicioná-lo adequadamente. Mas alcança maior utilidade quando permite ver o que sem ele não se veria. O próprio rosto, por exemplo. Ou, com o auxílio de mais um, o cabelo recém-cortado na parte de trás da cabeça. Ora, professor. Todas essas informações que só um espelho oferece, posso obtê-las de outra forma, muito mais rica, confiável, lúdica e interativa.

(Longa pausa dramática.)

Esse era Arlindo José. Um gênio em enredar a atenção de seus interlocutores. Um Górgias da cadência retórica.

Preparava com rigor seus silêncios, suspiros, interjeições, palavras parrudas e o queijo mais cheiroso. Iscas de uma ratoeira para camundongos bisbilhoteiros e para curiosos pelo final da história.

— Saio de casa e vou encontrando as pessoas. Muitas. Só aqui na faculdade circula um montão de gente. Observo suas reações ante a minha presença. Algumas me cumprimentam. Sorriem. Outras desviam o olhar. Há as que deixam transparecer o desapreço pelo rosto que estão a fitar. E outras ainda, raríssimas, fazem questão de dar um beijinho. Todas, sem saber, me fazem um favor inestimável. Fornecem informação preciosa sobre mim mesmo.

– Mas por esse método você tem que inferir o tempo inteiro. Interpretar fisionomias. Criar um código. Não é trabalhoso demais?

– Com alguma sensibilidade e repetição, vai ficando cada dia mais fácil. Além do mais, eu não tenho nenhuma pressa. Os resultados acabam sendo muito precisos. Algumas pessoas, mais generosas, convertem-se em espelhos falantes. Traduzem em palavras as imagens que refletem. E me contam, às vezes em detalhes, o que estão a ver.

– "Arlindo José, o que aconteceu com o seu cabelo?", "Você está com cara de contente, o *Verdão* ganhou?", "Brigou com a patroa? Dormiu de jeans?", "Não tomou suas pastilhas hoje?", "O Arlindo José deve estar de namorada nova. Olha a cara dele. Está que não cabe em si!"

Decidi interromper a lista porque não tinha fim aparentemente.

– Por que você acha tudo isso mais confiável do que um espelho no banheiro?

– Ora, professor. Eu não sou de ferro. Às vezes, estou com a autoestima elevada. Noutras, bem deprimido. Quando está tudo bem, tendo a olhar pra mim mesmo com o espírito feliz. O espelho destaca os olhos claros. Um claro escurecido, de cor mel. De um mel mais pra escuro, claro. Faz pensar no charme dos fios brancos da barba. Como os de George Clooney. Bem parecidos, mesmo, sem falar do sorriso maroto que só nós dois temos. Um leve repuxar do canto esquerdo da boca, sem jamais abri-la. Nesse caso, o que estaria a contemplar no espelho teria mais a ver com as sensações daquele momento do que com a minha cara mesmo, essa aqui, velha de guerra.

Nesse instante Arlindo José, performático, estapeou o próprio rosto.

– Se saísse por aí compartilhando minha interpretação das suas imagens, creia-me, professor, caçoariam de mim. Ou me tomariam por louco. Afinal, Clooney é um pouco mais jovem, e isso ninguém diz. Mas acaba fazendo toda a diferença.

– E se você tivesse acordado de ovo virado, chateado ou deprimido?

– Ah, professor Clóvis. Infelizmente é o mais comum. Nesses casos, quando está tudo ruim, o que se vê nos olhos é pura “ramela”. Os pelos brancos na cara convertem-se nas espigas de um espantalho que virou Judas. E o sorriso maroto de boca fechada só esconde, na melancolia resignada, as lacunas da dentição. A figura encarquilhada do espelho nada mais é do que o reflexo do meu estado de espírito naquele instante.

– Entendi a desconfiança do olhar sobre si. Mas ainda não vi nenhuma vantagem na adoção do seu método.

– Quando deixo as outras pessoas verem por mim, tenho pelo menos dois ganhos. De um lado, a pluralidade quase infinita de perspectivas, que supera em acuidade e precisão meu singelo e particular flagrante. De outro, a multiplicação de agentes avaliadores, capazes de juízos bem mais isentos do que os meus próprios. Mais exigentes em alguns momentos, menos corrosivos em outros. E essa sinfonia de manifestações informa, esclarece, aperfeiçoa e enriquece.

– E se algum de seus interlocutores estiver de sacanagem? Disposto dolosamente a levá-lo ao erro?

– Seria facilmente identificado pela estatística. Discriminado pelo princípio da amostragem, na base da sinceridade presumida do maior número. Da autenticidade do corriqueiro, da piedade inerente a toda natureza humana.

– Sinceridade presumida do maior número?! – perguntei incrédulo, por divergir com toda convicção.

– Professor Clóvis, acredite! As pessoas são o melhor espelho. Graças a elas, aprendemos a cara que temos. Sem elas não podemos saber quem somos. Pode confiar.

MORAL DA HISTÓRIA

Espero que tenham gostado do Arlindo José. Vamos deixá-lo em paz lá no seu departamento. Fiquemos aqui com a moral dessa história que fala do mundo como espelho e de sinceridade.

Arlindo José evita espelhos, desses de banheiro. Abre mão do que lhe oferecem: informações a seu respeito. Prefere obtê-las interagindo com as pessoas. Troca um espelho por outro. Todos que, em relação com ele, traduzirem o que estão vendo cumprem uma função especular.

Você acorda de manhã e constata, escovando os dentes, o nascimento de uma espinha avantajada na ponta do nariz. Vermelhidão e inchaço.

Se, nos melhores dias, a beleza só aparece de tantinho em tantinho e aos trancos, como o sal num saleiro entupido, imagine por trás daquela grotesca saliência vulcânica de raízes profundas e longe ainda de toda erupção. Espremer só vai piorar. Melhor deixar quieto.

Uma hora mais tarde, você já está na sua sala. Os colegas vão chegando. Você finge mexer na mochila. Até que um mais chegado te cumprimenta de perto e não contém o riso.

– Mano, que coisa horrível é essa no seu nariz?! Tá sinistra! Sabe esses palhaços do mal, que amedrontam as crianças? Põe um esparadrapo qualquer aí e diz que se machucou.

O "parça" é um espelho. Tudo que ele disse você já tinha visto em casa, antes de sair.

Até aqui, não enfrentamos maiores problemas. A analogia entre a contemplação no espelho do banheiro e o que lhe venham dizer é bem imediata. Momento adequado, portanto, para ir adiante. Pensar mais e dificultar um pouquinho as coisas. Complicar a analogia.

Será que só outras pessoas podem ser espelho pra nós? Será que uma coisa qualquer feita pelo homem, ou um animal, planta ou paisagem não poderiam funcionar como espelho também? Isto é, contar-nos coisas sobre nós que não saberíamos se não estivessem ali?

Em caso afirmativo, o mundo inteiro seria um espelho para todos que nele vivem e com ele interagem desde sempre.

"O mundo é um espelho?", você talvez diga. "Como assim? Você afirma como se fosse a coisa mais óbvia. Pra mim, espelho continua sendo só espelho. Aquilo que as mulheres usam para se maquiar, e os homens, para fazer a barba. Quinquilharia oferecida pelos portugueses aos índios em troca de amabilidade."

Eita! Eu aqui, todo cheio de dedos, e você vem com quatro pedras na mão! Para que essa brabeza toda?

Vamos tentar de novo. Com calma.

Para que serve um espelho?

Você tem toda a razão: a função especular é brilhantemente realizada pelo artefato grudado na parede do seu banheiro. Se ele estiver limpo, então, é uma maravilha.

Nem sempre é o caso. Ainda mais para você que escova os dentes como quem esfrega palha de aço em panela suja de três dias. Acaba borrifando dentifrício por toda a superfície e, chateado por não se ver direito, projeta o cotovelo para limpar, com o antebraço da blusa. Pronto, agora, sim. Visibilidade zero. Nuvem de meleca Colgate.

Mas essa coisa de refletir o mundo não é exclusividade do seu banheiro. Qualquer superfície de água parada – da lagoa azul à poça abandonada – oferece ao amante sua lua e suas estrelas, ora friorentas, no enrugadinho da brisa, ora lânguidas, na ondulação doce e ritmada da marola.

"Qual é exatamente essa função especular que você mencionou antes?"

O espelho é um fascinante instrumento ótico. Tantas são as imagens possíveis que fazem pensar em muitos espelhos, no lugar de um só. Permite ver tudo que se encontra a sua frente. Tudo mesmo, até as coisas que poderiam ser vistas sem ele, como sua escova de dente no copo, onde jaz em verticalidade inclinada.

Mas se fosse pra mostrar só o que se vê perfeitamente sem ele, o espelho certamente não teria a fama que tem. Sua serventia seria quase nula.

Toda a graça do espelho, isto é, sua utilidade maior, está em permitir ver o que, na sua falta, seria invisível.

"O que exatamente?", você quer saber.

Ora, aí mesmo onde você está, tente enxergar o próprio rosto. Movimente os olhos com empenho. Vamos. Estique as bochechas. Traga as orelhas mais para a frente. Puxe com os dedos os fios da sobrancelha. Volte os olhos para si mesmos. Parece que não está adiantando muito. Quase tudo no seu rosto continua inacessível à visão.

Sem um espelho, a topografia da própria face só poderia ser inferida, bem grosso modo, a partir da percepção dos outros.

"Não entendi", talvez você esteja pensando.

Se pessoas, seres humanos como esses aí bem na sua frente, têm dois olhos, um nariz com duas narinas e boca de cavidade única, então, sendo você humano como eles, haverá de apresentar composição facial parecida. Esse jeito de pensar recebe o nome de silogismo. Ele nos tira da ignorância absoluta, nos informa o que supostamente temos em comum com os outros. Mas não nos diz nada sobre o que nos é particular.

Quem sabe, com a ajuda dos dedos, pudéssemos avaliar grosseiramente tamanhos, texturas, rugosidades e simetrias.

Quanto ao resto do próprio corpo, podemos flagrar sem espelho braços, tórax, barriga, pernas, pés etc. Mas sempre a partir de um único ponto de vista, de onde estão os olhos. De cima pra baixo, portanto.

Dispondo de um espelho, podemos ver esse mesmo corpo de outros pontos de vista. Infinitos, se formos reposicionando o instrumento, porque infinitas são as distâncias e as angulações possíveis. E nada disso alcançaríamos sem ele.

Com dois espelhos, então, fazemos maravilhas. Potencializamos essa observação. Multiplicamos ao infinito e sem maior esforço os flagrantes visuais possíveis, da própria nuca, costas, glúteos, posterior da coxa. Mais do que simplesmente flagrar, registramos, compartilhamos. Tudo dependerá do uso que pretenda fazer dos múltiplos registros.

Retomemos de onde não deveríamos nos ter desviado. Todo espelho revela o corpo do eu para o eu. De um jeito que só ele consegue.

Como se você já não soubesse! Este autor é um especialista do óbvio. O rei do ululante. Da evidência que grita. Um acaciano de mão cheia. Mas a dúvida continua: por que o mundo seria um espelho? Em que medida poderia fornecer a quem com ele interage informações que, fora dessa relação, não poderia ter?

Porque o mundo ou qualquer pedaço dele, como paisagens, edifícios, coisas, outras pessoas, informa ao observador coisas sobre ele mesmo que, na falta dessa observação, permaneceriam desconhecidas. Na ignorância. Exatamente como um espelho.

Claro que muda o tipo de informação. O que o mundo ensina a quem com ele interage não é sempre da ordem do visual. Nem sempre falam, como os alunos do departamento a respeito do Arlindo. Mas a função informativa, didática, pedagógica, de descoberta do eu pelo que lhe é exterior, essa permanece. Tal e qual.

"Que tipo de conhecimento de mim mesmo posso obter observando uma planta, um animal, o sol que se põe, uma pessoa no elevador, um professor que explica etc.? Sempre achei que pesquisadores, ao investigar a fundo seus objetos, aprendessem muito sobre eles. Mas nada sobre si mesmos. Nem é o objetivo", diz você, meu imaginado leitor.

Você tem muita razão – até certo ponto. De fato, quem observa e pesquisa o mundo acaba descobrindo sobre ele muita coisa que não sabia. Até aí, estamos de acordo. A nossa discordância é mesmo quanto ao papel de espelho. Ao aprendizado sobre si mesmo, sobre o eu que observa.

A criança busca atrair o olhar da mãe. Alguém dirá que é a condição de seu sustento imediato, que anseia pela alimentação e entende ser a mãe o meio de obtê-la. Mas adultos também buscam, amiúde, ser notados, reparados. E quando evitados, lamentam, queixam-se. Denunciam a frieza e até a arrogância do interlocutor cheio de desdém. E fazem isso mesmo com o bucho cheio, sem nenhuma expectativa de receber alimento ou qualquer outro bem.

Talvez por isso o olhar do outro represente a necessidade primária de ser notado. O reconhecimento da própria existência. Se você me olha, é porque existo. É um reconhecimento anterior a qualquer outro.

Talvez a iniciativa de escrever este livro resulte da mesma pretensão. Se você me lê, curta ou não as histórias, quer aprenda ou não um pouco sobre moral, divirta-se ou não com a leitura, você reconhece a minha existência.

A existência do autor que nada teria escrito se você não existisse. Só você pode me dar essa possibilidade, antes mesmo de eu ser bom ou ruim, oportuno ou inoportuno, pertinente ou impertinente, bom ou mau autor.

Por isso, precisamos tanto do olhar do outro, da atenção do outro. De que o outro, por nossa causa, faça o que não faria se não existíssemos, se não estivéssemos ali, como admitir que nosso corpo ocupe certo espaço naquele instante. Isso o faz desviar, dar a volta, esgueirar-se ou solicitar nosso deslocamento. Em todos os casos, há um reconhecimento primário da nossa existência.

Mas temos que ir mais longe. O reconhecimento da nossa existência física é só o começo. Esse outro, porque não para de falar, nos abasteceu de palavras. Com significados, permitindo-nos narrar, descrever, relatar, criar, inventar e muito mais. Ensinou-nos a interpretar o mundo. Atribuir-lhe valor. Diagnosticar o que nos faz bem. Divisar estratégias de aproximação, de conquista, de posse. Identificar o que nos faz mal. E nos ensinou a evitar, defender-nos, fugir.

Só poderíamos, então, frente a quem nos deu tanto, ter postura de gratidão. Disposição retributiva. Arredondar-lhe a vida. Favorecer-lhe a existência. Acalentar-lhe a alma. Servir de proteção. É o mínimo que poderíamos fazer para quem nos abriu as portas da humanidade e, com sua existência prévia, com o seu direito adquirido, desde o primeiro segundo, abriu-nos os braços para nos acolher neste seleto clube dos humanos.

Poderíamos passar a vida em retribuição e não faríamos o bastante para compensar as maravilhas que a linguagem nos permite operar. Pensando sem parar em prosa e verso, imaginando o que a realidade não concede, projetando o devir, lembrando do que já foi, daquele jeito que é só nosso, o que poderíamos dar em troca a quem nos deu tanto?

E, pensando assim, imaginaríamos a sociedade como uma troca de gentilezas, favores, dons, benesses.

HISTÓRIA DOS OUTROS

Os estudiosos de Machado de Assis nunca deixaram de destacar as causas de eventuais tormentos, individuais e sociais, que marcaram sua obra: pele negra, origem humilde, doença neurológica. Isso porque, como nosso modo de ler os clássicos ainda é bastante romântico, costumamos atribuir aos escritores uma quota significativa de paixão. Mas a trajetória do Bruxo do Cosme Velho, se verificarmos bem, não parece ter sido particularmente terrível. Mesmo a cor não deu maiores mostras de desprestígio, e talvez tenha causado algum desconforto apenas quando se casou com a portuguesa Carolina Xavier, seu grande amor.

Se sua vida foi, então, plácida e praticamente sem aventuras, sob o burguês educado que procurou se ajustar à sociedade brasileira do século XIX, havia um escritor poderoso, que desmascarou o mundo da alma e riu de seu tempo. Mas o encanto atemporal de Machado vem da imensa capacidade de sugerir, em tom impiedoso, o contraste entre a normalidade social e a sua anormalidade de essência.

De uma obra tão complexa, podemos destacar alguns temas que nos dão ideia de sua originalidade.

Um dos problemas fundamentais para Machado de Assis é a questão da identidade. Quem sou eu. Quem são os outros. Em que medida existo a partir dos outros, e só a partir deles. Essas questões fornecem poderoso substrato para sua produção. Em seu conto "O espelho", de 1882, um rapaz nomeado alferes da Guarda Nacional vai ao campo passar uns tempos com a velha tia fazendeira. Numa postura de extrema valorização do posto, a mulher cria uma atmosfera quase doentia em torno do sobrinho, fazendo com que escravos e agregados o chamem por "senhor alferes". De tal maneira que esse traço social se torna uma segunda alma, imprescindível à personagem. Passados alguns dias, a tia viaja com urgência, deixando a fazenda a seu cargo. Todos os escravos fogem. O rapaz, então, à beira da desagregação psíquica, solitário, olhando certa vez no espelho, vê sua imagem borrada, quase dissolvida: havia desaparecido o coro que evocava seu posto.

Surge então a ideia de fardar-se, e passando algum tempo, novamente diante de seu reflexo todos os dias, vê restabelecido seu equilíbrio. Estava projetada sua figura, revestida pelo símbolo do uniforme. O símbolo social.

Sua farda ali era também sua alma. Uma das duas que todo homem tem, segundo o narrador:

> Nada menos de duas almas. Cada criatura humana traz duas almas consigo: uma que olha

> de dentro para fora, outra que olha de fora para dentro... (...) Há casos por exemplo em que um simples botão de camisa é a alma exterior da pessoa; e assim também a polca, o voltarete, um livro, uma máquina (...) Está claro que o ofício dessa segunda imagem é transmitir a vida, como a primeira; as duas completam o homem que é, metafisicamente, uma laranja. Quem perde uma das metades perde naturalmente metade da essência; e casos há, não raros, em que a perda da alma exterior implica da existência inteira.

Para o alferes, sua integridade estava, sobretudo, na sociedade que o uniforme representa, e naquela parte do sujeito que é a sua projeção nessa mesma sociedade.

Certamente um belíssimo conto sobre a fragilidade da consciência da nossa identidade.

Nesse momento, surge-nos a indagação: se o que há de mais fundo em nós é justamente a opinião dos outros, e, se assim, estamos condenados a não atingir o que é realmente valioso, qual a diferença entre a sinceridade e o cinismo, entre o bom e o ruim?

No primeiro dos seus grandes romances da maturidade, *Memórias póstumas de Brás Cubas*, Machado de Assis passa a ilustrar essas perguntas.

Por que bonita, se coxa?
Por que coxa, se bonita?

Nesse livro de 1881, Brás Cubas é o narrador em primeira pessoa, centro de uma dessas parentelas da qual muitos dependem. O autor defunto, caracterizado da forma mais irônica, funciona como uma espécie de insulto cômico ao leitor.

Já o enredo é de uma total banalidade. Brás Cubas nasce numa família rica, desde cedo recebe de presente um pequeno escravo – e assim, toda a sua primeira formação é determinada pelo contexto escravista de origem.

Mais adiante, já adulto, gasta uma fortuna com prostitutas e vai à Europa, onde adquire diploma de bacharel exclusivamente para obter a casca da civilização. De volta ao Brasil, passa a manter um longo caso adúltero com Virgília, romance que, do ângulo amoroso, é de um total desastre, embora forte.

Mas aqui nos concentramos em outra personagem, Eugênia, com quem Brás viverá um curto idílio. A moça é filha de uma senhora solteira, dona Eusébia, frequentadora dos Cubas e de condição econômica muito inferior.

A trama se passa na Tijuca, onde o caprichoso rapaz está retirado.

Para recebê-lo, Eugênia se desfaz de seus poucos adereços, como brincos e anéis. Uma solução que se pretende poética, resignada à sua situação de pobreza.

Para uma sensibilidade esclarecida, a graça natural serviria de máximo ornamento, dispensando as artificialidades a que o moço estaria acostumado. Brás, assim, até admira a menina, sua dignidade, mas, alguns dias depois de lhe colher o primeiro beijo, lembra-se das obrigações da carreira, da constituição, do cavalo! E decide ir embora.

> "É preciso continuar o nosso nome, continuá-lo e ilustrá-lo ainda mais! (...) Olha que os homens valem por diferentes modos e que o mais seguro deles é valer pela opinião dos outros homens. Não estragues as vantagens da tua posição" – eram essas as palavras do pai.

A brutalidade do desfecho guarda ainda um dado decisivo para o episódio: a menina era manca. Mas dessa imperfeição o rapaz não se dá conta senão muito tarde, quando a conclusão do idílio havia se dado por razões de classe.

No entanto, será justamente sobre a deficiência que o homem, mentindo a si mesmo, despejará os maus sentimentos inspirados pelo pai autoritário e oligarca: "Por que bonita se coxa? Por que coxa, se bonita?", dirá. Noutras palavras, fosse o universo organizado, moças mancas não seriam bonitas, e, se bonitas, jamais seriam mancas.

Nesse momento, o cinismo de Brás Cubas se voltará contra o leitor, pedindo-lhe impiedosamente que limpe os óculos e examine melhor – "que isto às vezes é dos óculos". Presume-os embaçados de lágrimas derramadas sobre o destino da pobre Eugênia.

A baixeza das alusões e dos ataques, em princípio visando destruir a moça e o que ela realmente significava, culmina no desejo de Brás Cubas de aniquilar sua "alma sensível" dentro de si mesmo.

O encontro com Eugênia encerra um primeiro ciclo de vida do narrador e nos coloca diante de um dos mais complexos e ácidos personagens de Machado de Assis, autor cosmopolita e mundano num projeto de Brasil do século 19.

Sempre rico de significados em sua aparente neutralidade, Machado de Assis articula seu senso de investigação da alma com uma compreensão áspera e de reverberações atualíssimas das estruturas sociais brasileiras.

Capítulo 4

Eleutério despedaçado

NOSSA HISTÓRIA

Foi em Porto Alegre. Encantadora capital do Sul, berço de grandes amigos. De Juremir, Antonio, Fabrício e, claro, Marcial, editor deste livro e anfitrião do melhor churrasco.

Mas naquela noite eu estava mesmo era doido para voltar para casa. O bate e volta, encurtado em meio dia, para a palestra no final da tarde, esse ninguém merece. Restou regressar no último voo, 21h50, para o pouso alongado e distante de Guarulhos.

Tudo no horário. Embarque finalizado. Acomodado no corredor da primeira fileira, antegozei os dois centímetros suplementares que clientes ungidos por metais nobres ou pedras preciosas preenchem com seus fêmures. Relaxamento arrogante de quem corre para o abraço antes de balançar as redes.

***

Eis que o comandante pede atenção. O tom de voz anunciava ruptura nos protocolos de taxiamento. Alguém que não estava na aeronave precisava tomar aquele voo; um parente muito próximo tinha falecido. E ele pedia que um passageiro cedesse seu lugar.

Ante a inércia de todos, inclusive a minha, o comandante voltou à carga. Repetiu o que havia dito, como se fosse uma gravação.

Tratava-se, com certeza, de alguém em desespero. Ouvia-se ao longe, entrando pela porta, um lamento destemperado.

Novo silêncio, embaraçoso e constrangedor.

Foi quando um fiapo de solidariedade, bem encravado nas fissuras piedosas de uma genética *rousseauista* até então adormecida, me fez levantar a mão.

Aquele gesto surpreendeu a mim mesmo. Sobretudo ao pedaço do eu – mais bem explicado pelo egoísmo moral – apegado aos pequenos mimos da existência.

A tal luta pela preservação do próprio ser, naquele momento, só pensava em dormir em casa, tomar as pastilhas da noite, pôr pijama e degustar o chá de hibisco com mirtilo, presente de aniversário da filha mais nova.

Estava ciente de que teria de pernoitar por ali, embarcar no primeiro voo da manhã, chegar em Congonhas e partir para a luta. Porque, logo às 9h, outro auditório estaria esperando por mais uma "Vida que vale a pena ser vivida".

Enquanto recuperava a mochila no compartimento de cima, procurei com o olhar as outras almas em trânsito.

Gesto silencioso de denúncia. Simularam interesses de circunstância, na má-fé mal encenada de quem se leva a sério e tem sempre algo importante pra fazer.

Flagrei em mim indignação pela falta de par.

Restou encher os pulmões e desejar-lhes com clareza articulada um bom voo. Deixei a aeronave em meio ao silêncio contemplativo daqueles que, em breve, estariam no conforto dos seus lares.

Refiz o caminho de volta pelo *finger* até o terminal, acompanhado por uma comissária. Para que não me perdesse, talvez, no tubo que ligava as duas portas, ou não acumulasse, à frustração do regresso abortado, a solidão de um desembarcar isolado, em primeira pessoa.

***

Naquele mesmo portão, que não imaginava rever tão cedo, alguns funcionários da companhia aérea, em seus uniformes tão familiares, amparavam um homem arqueado. Sr. Eleutério, era como o chamavam. Ele ostentava, na estimativa nebulosa de minha retina necrosada, uma dezena de anos combalidos a mais do que eu. Portanto, a caminho convicto dos 70.

Em prantos, tomou-me pelos braços, como se indignado.

– Cavalheiro, pedirei todos os dias a Deus para que nunca tenha que velar um filho assassinado. Minha gratidão ao senhor será eterna, bem como a toda a sua família, privada nesta noite da sua presença. Terá o resto da vida ao lado dos seus. Já eu, meu senhor, eu só tenho mais esta noite. Não haverá outra. Graças a sua generosidade, poderei vivê-la ao lado de meu filho morto. Que todos no universo testemunhem e aplaudam o que está fazendo por mim.

As palavras do Sr. Eleutério – enunciadas com muita emoção em tom solene perante desconhecidos, naquele não lugar de pura passagem, com seus transeuntes tão passageiros e sem outra identidade – foram ouvidas pela minha vesícula e traduzidas no amargo típico de segundos devastados.

A vida daquele instante ratificava o já sabido. Decidir entre o bem e o mal, quando claramente postos, nunca angustiou ninguém. A escolha é tão imediata, que se dissolve na obviedade. A sinuca sempre foi entre dois males. Já a identificação trabalhosa do melhor – entre dois ou mais "bons" – é coisa de gente feliz. Não sei do que se trata.

A situação vivida cobrava atitude. Tomar partido. Avaliar em meio ao ruim. Decidir entre a tristeza X de seguir ali, protagonizando de carona aquela cena dramática, e a tristeza Y de cair fora e ser rude justo com quem agonizava, transpirando dor e fragilidade.

Uma terceira via, talvez!

Teria bastado de minha parte uma fisionomia triste. Qualquer sinal de empatia que dispensasse agradecimentos. Que permitisse evasão honrosa, não tão agressiva.

Mas, para pôr fim ao encontro e estancar a queda de potência que me acometia, senti que precisava dizer algo que indicasse um corte da cena não tão abrupto. Que legitimasse minha partida naquele cenário. Que decretasse alguma ruptura simbólica aceitável.

Cacoete de quem ganha a vida falando, talvez, e só confia nas palavras ditas.

Clamava por qualquer gongo que antecipasse o fim daquele *round* em que me encontrava nocauteado em pé. Para tanto, arrisquei uma dessas tolices bem ao gosto do senso comum mais canastrão.

– Não me agradeça. Numa situação como essa, qualquer um teria feito o mesmo. É da natureza humana a piedade ante alguém que perde um filho. Oferecer meu lugar foi o mínimo. Uma gota de bálsamo no oceano da sua dor. Embarque logo. Junte-se a ele. Sua alma está à espera. Fique com Deus.

Essas palavras não deram conta. A gratidão de Eleutério exigia algo mais. Um toque. Um calor. Um contato.

Retribui-lhe, então, o gesto. E o segurei, com firmeza solidária, por seus dois braços, quatro dedos atrás e o dedão na frente. Sorri amavelmente, um riso triste em dentes escondidos, e parti resoluto. Como se tivesse destino óbvio e hora precisa para alcançá-lo.

***

Vencido o afastamento, encontrei-me à deriva como poucas vezes houvera estado antes.

Que a vida como um todo é desprovida de sentido, disso nunca duvidei. Convencimento antigo. Questão metafísica que só incomoda espíritos mais finos. Afinal, ninguém vive vidas como um todo, e sim, aos pedaços. Aos dias e horas. Aos encontros e esbarrões.

Naquele instante, todos os caminhos possíveis se tornaram absolutamente indiferentes. Os destinos, radicalmente carentes de valor. Cada passo, um mero reflexo, completamente vazio de propósito. Bem, aí senti, nas células e na alma da vida vivida, o drama de flutuar, sem âncora nem referência, no absoluto de um universo que só tem norte e sul nas convenções dos angustiados.

Nem sequer consultei a disponibilidade de um hotel. Há alguns ótimos nas imediações do Aeroporto Salgado Filho. Sentei-me numa cadeira azul igual às outras, disposto a simplesmente sucumbir.

Do nada, alguém gentil e uniformizado veio me trazer um papel amarelo. Agradeci. Pus no bolso da camisa sem olhar.

Era o novo cartão de embarque. Para 5h50. Em um pouco mais de sete horas, eu decolaria. O painel tranquilizador indicava “confirmado”. A aeronave pernoitaria bem ali, ao meu lado.

Aviões são como alguns quadrúpedes. Não se deitam pra dormir.

***

Pensei no meu gesto. Por que teria dado a vez a quem nem conhecia?

Supus haver vários tipos de piedade. Um deles, ante um sofredor que clama bem diante do nariz, percebido pelos sentidos. Mas há, também, piedade por pessoas cujo sofrimento apenas imaginamos.

Quando abri mão do meu assento na aeronave, foi por alguém que jamais havia encontrado, cuja identidade ignorava absolutamente. Em nome de pura imaginação, portanto, de outro genérico. Talvez seja esse o tal "próximo" que me fez renunciar às mais caras pretensões, a todas as prerrogativas mais desejadas naquele átimo de vida, transferindo-as para o nunca mais dos tempos inéditos e irrepetíveis.

Aquela noite não dormida em casa – como qualquer outro fragmento abortado de existência – estava perdida para sempre. Irrecuperável, por princípio.

E se nos perguntássemos sobre a gênese desse vínculo afetivo que faz do sofrimento de outrem causa de tanta renúncia?

Comecemos pelo menos nobre. A explicação mais egoísta. Minha decisão, tão aparentemente generosa, não teria passado de um simples cálculo visando reduzir o estrago. Perder o menos possível em nome do eu e de seus afetos.

De um lado, o conforto assegurado da presença na aeronave e a esperança, muito bem escorada pelos fatos, de chegar rápido em casa. De outro, o sofrimento causado pela situação de alguém. Sofrimento que eu podia reduzir ou eliminar.

Assim, sempre em nome exclusivo do meu próprio bem ou mal-estar, tinha sido vantajoso chegar mais tarde em casa, quem sabe até dormir no aeroporto, em nome da redução daquele sofrimento causado pelo drama do outro.

Talvez possa fazer parte dessa equação algum ganho de identidade. Todos carecem de entendimentos sobre si mesmos, objetivados em discursos e narrativas. Isso é tão útil para a própria sanidade quanto para as relações interpessoais.

Renunciar a uma comodidade como aquela reforçaria ou enriqueceria relatos definidores do eu altamente legítimos, bem-vistos e merecedores dos mais sinceros aplausos. O gesto serviria de testemunha. De prova. Imprescindível. Garantidor. Para que tudo não seja só delírio.

A explicação egoísta é atrativa, mas apequena o humano, aproximando-o da animalidade no cio. A parte superior da alma, a consciência moral, não passaria de uma caixa registradora. Máquina de calcular taxas de prazer e de dor.

Além disso, o mais importante teria ficado no ar. De onde viria esse vínculo que nos faz sofrer ante o sofrimento do outro?

Seria tentador supor alguma solidariedade de espécie. Nesse caso, toda piedade seria por humanos, como nós. Mas a hipótese se vê desmentida a cada esquina. Afinal, há por toda parte quem mova céus e mares e se jogue em precipícios pela vida de um animal de estimação. Bem distinto de nós, de fato e de direito.

Talvez, então, nos apiedemos de todos que, como nós, vivem, potencialmente doloridos e sofredores. Vínculo que só surge na desgraça, porque, quando estão todos de boa, aí cada um é só por si. Ninguém abre mão de nada. O outro, só em proveito próprio, ainda que juntos, reunidos, abraçados e embriagados. Como na balada, garantindo, com a língua enrolada, amizade genuína e sincera para sempre.

Repugnante seria se o desesperado senhor estivesse mentindo e encenando para conseguir um lugar naquele voo lotado. Teria logrado, assim, por intermédio de um ardil que falseava a própria desgraça, desfrutar da comodidade a que eu tinha direito.

A mera cogitação revolta e amarga a boca. Fígado e estômago são, para mim, os órgãos mais sensíveis a deslizes morais. Não é à toa que padecem. Nas células em tumor, o espelho da canalhice convertida em cotidiano.

Mas não era o caso ali.

Lembrei-me do pai emocionado. Pensei no filho. Imaginei como esse último poderia ser. A formação, a profissão, o jeito, a cara. Pensei também no seu algoz agressor. No motivo do crime. Na execução.

Concluí que muitas ocorrências, remotas e distantes, ajudavam a explicar aquela noitada aeroportuária. Acima de todas, claro, a minha iniciativa. Esta, bem próxima e completamente ao alcance de algum de meus "eus". Foi ele mesmo a levantar a mão. Sem nenhum arrependimento.

Naquela vez. Em Porto Alegre.

MORAL DA HISTÓRIA

Filósofos amam os conceitos. Gente que gosta das coisas bem explicadinhas. Avessos às confusões, pelo menos àquelas com as ideias. Piedade é um conceito para os antigos – e filósofos adoram pensadores antigos! Já mortos. Segundo os gregos, piedade é uma virtude. Dedicação ou esforço para com o sagrado e as divindades. Assim mesmo, no plural, porque os antigos cultuavam muitos deuses. Num diálogo escrito por Platão, pensador antigo de primeira linha, Sócrates conversa com Eutífron, que dá nome ao texto. Estão em frente ao que seria um tribunal. Sócrates, acusado de impiedade. Eutífron, acusando o pai de impiedade.

Situação bizarra. Sócrates, acusado, quer entender aquele homem devoto que acusa com severidade o próprio pai; vai que aquilo o ajude a entender melhor a sua própria condição.

O pai de Eutífron era um assassino. Matou um servo. Naquele tempo, servos não tinham a proteção das leis, então, matar um servo não era, propriamente, um crime. Mas não era por causa de nenhum código penal que Eutífron estava ali, e sim por piedade. Devoção aos deuses ou vontade de fazer o certo aos olhos dos deuses, ainda que estrague o jantar de família.

Seu coração se entristece em acusar alguém que ama, mas não é por afeto que se é piedoso. É por dever com os deuses. Coisa sofrida, a tal da piedade antiga.

"Mas o que é a piedade?", quer saber Sócrates, perseguidor de conceitos. O diálogo segue com uma primeira definição precária: piedade seria perseguir os que cometem injustiças.

Apesar de a obra ser antiga, acho que muitos definiriam piedade de forma parecida hoje. Quantas vezes já se viu alguém chamar aos berros para que se participe de uma cruzada contra o mal? Em nome de Deus? Em nome da justiça? Mesmo causando sofrimento a outros?

Sócrates acha pouco para um conceito. Quando muito, é exemplo. Eutífron melhora a definição: piedade é o que agrada aos deuses.

Coisa que parece difícil naqueles tempos em que os deuses eram muitos. As histórias que se contavam sobre os deuses frequentemente tinham desentendimentos entre deuses e homens no meio da briga divina, de tal maneira que, ao agradar a um, desagradava-se a outro.

Não sei se hoje seria diferente. Não somos politeístas, mas, mesmo assim, os valores morais, muitos dos quais associamos a Deus, são muitos e, na prática, conflitantes.

É preciso confiar. Confiança é um baita valor. Mas confiar demais é o vício do otário. Também é preciso um pouco de desconfiança, para nos precavermos e protegermos do mal quem depende de nós. Mas desconfiança em excesso é o vício do paranoico. Difícil conciliar os valores morais.

Mas talvez exista um valor maior com alguma prevalência sobre os demais. Algo que facilitasse a piedade. Quem sabe a justiça? Bem ou mal, os personagens do diálogo estão bem em frente ao palácio da justiça. A piedade poderia ser uma parte da justiça, no caso, aquela que diz respeito aos deuses, supondo que concordem sobre o que seja justo, ao menos.

Parece mesmo que o que chamamos de piedade tem alguma coisa a ver com justiça. A impiedade geralmente é aquilo que nos revolta e costumamos chamar de injustiça.

Não seria injusto que alguém deixasse de participar do enterro do próprio filho para que outra pessoa, sei lá, viajasse a passeio?

Mas e se o pai enlutado tivesse chegado atrasado, essa falha tornaria justo e, portanto, piedoso, impedi-lo de embarcar?

Mesmo com os valores à mesa, é difícil saber o certo ou errado a se fazer. Daí os deuses. É preciso um juiz que decida. Uma regra aceita por vir de alguém digno de ser obedecido.

O diálogo platônico para por aí. Constatação de que, sem se saber afinal qual a vontade dos deuses, como ser ferrenho justiceiro em nome da piedade?

E hoje, sabemos o que Deus quer de nós? Nas desgraças da vida, há sempre um consolador lembrando-nos de que é a vontade de Deus. Mas temos dela apenas uma parte, a do fato que entristece, como a morte do filho ou a rejeição de quem amamos.

Parte de algo melhor que está por vir, de um propósito, mas que não sabemos qual é. Resta apenas confiar. Ter a certeza de que, sendo Deus bom, o momento triste é apenas o meio da história, e não o fim.

Mas essas são histórias de gente antiga com muitos deuses. Somos diferentes. Cultuamos um deus único, ainda que as religiões sejam muitas e todas tenham um deus único com nomes e dogmas diferentes uns dos outros.

O cristianismo trouxe uma ideia diferente de deus e também de piedade. Para que fiquemos apenas na tradição judaico-cristã, o deus do Antigo Testamento era um deus justiceiro à moda da justiça que buscava Eutífron. Implacável. Severo. Do tipo que manda dilúvio para afogar canalhas e destrói com raios cidades desavergonhadas.

O Deus do Novo Testamento é diferente. Ele ama. E ama infinitamente. Ilimitadamente. Ama a todos de forma indiferente. Ama o piedoso e o impiedoso também.

No Antigo Testamento, há uma moral de leis. Só dez, fáceis de decorar. Não matarás é uma delas. Eutífron poderia balançá-la no ar ao acusar o pai diante de jurados. Era prova legal de seu ato piedoso.

O Novo Testamento não trouxe novo código. Não há lei alguma, apenas um princípio moral: amai-vos uns aos outros.

Mulher flagrada em adultério e prestes a ser apedrejada. Jesus apenas pede com mansidão aos piedosos apedrejadores: quem nunca pecou que atire a primeira pedra.

Quem ama o outro não julga o outro, mas a si mesmo. Pergunta-se se está sendo suficientemente amoroso. Uma nova forma de piedade, e também de justiça.

Ser justo não é mais cumprir um desejo divino entristecendo, ferindo ou matando alguém, mas cumprir um desejo divino amando e perdoando alguém. Ser útil para a felicidade alheia. Amor para o outro e não para si mesmo.

Exige algum esquecimento de si mesmo. Menos egoísmo. Mais altruísmo. Coisa também difícil de ver por aí. Quase heroica quando acontece. Aplaudida menos pela grandiosidade do ato e mais pela sua raridade.

O diálogo antigo termina como um Eutífron, homem religioso, profundamente confuso. Não tem mais certeza do que os deuses querem. Eutífron, hoje, talvez tivesse mais sorte.

Com um deus apenas e uma única norma moral, fica mais fácil. Basta importar-se mais com o outro que consigo mesmo. Transformar pelo amor e pelo exemplo amoroso, e não pela punição.

Em um voo lotado em Porto Alegre, apenas um cedeu. Pelo menos um. Em outras tantas situações semelhantes, ninguém abre mão do conforto só para amenizar a dor de um desconhecido. Se fosse para apedrejar ou ofender alguém nas redes em nome dos bons valores, certamente seria mais fácil encontrar gente disposta.

HISTÓRIAS DOS OUTROS

A presença do governo português no Brasil a partir de 1808 foi um marco histórico transformador. O inconformismo e o espírito analítico cresceram por todo lado, irradiados pelo Rio de Janeiro, cidade que se transformou ao receber uma corte europeia com seu protocolo e suas festas, intensificando a presença da mulher e iniciando um processo de ruptura de costumes.

Na segunda metade do século, o tema do negro suscitou uma tomada de posição entre os escritores românticos na luta contra a escravização. Abertamente abolicionista foi o famoso romance de Bernardo Guimarães *A escrava Isaura*, de 1875. O livro causou grande efeito, pois descreve a situação extrema de uma moça que é branca no aspecto, mas de condição servil, podendo ser comprada e vendida.

> Isaura era filha de uma linda mulata, que fora por muito tempo a mucama favorita e a criada da fiel esposa do comendador. Este, que como um homem libidinoso e sem escrúpulos olhava as escravas como um serralho à sua disposição, lançou olhos cobiçosos e ardentes de lascívia

> sobre a gentil mucama. Por muito tempo resistiu ela às suas brutais solicitações, mas por fim teve de ceder às ameaças e violências.

O comendador, ao se aposentar, muda-se para a corte, deixando a fazenda a cargo do filho torpe, Leôncio. Este, obcecado por Isaura, recusa-se a vendê-la a seu pai, um branco pobre que passa a vida trabalhando para libertar a filha.

> Isaura é como um traste de luxo, que deve sempre estar exposto no salão. Queriam que eu mandasse para a cozinha os meus espelhos de Veneza. Ah!

> (...) Estava reservado à infeliz Isaura fazer vibrar profunda e violentamente naquele coração as fibras que não estavam ainda de todo estragadas pelo atrito da devassidão.

Diferentemente de Machado de Assis, em cuja obra se verifica solidariedade entre observação social, esquema dramático e ponto de vista de classe, o romântico Bernardo Guimarães conferirá um olhar complacente e paternal à moça a quem descreve com candura virginal:

> Isaura, por sua parte, não só pelo desenvolvimento de suas graças e atrativos corporais, como pelos rápidos progressos de sua viva e robusta inteligência, foi muito além das mais exageradas esperanças da excelente velha (...).
>
> O que porém mais era de se admirar na interessante menina é que aquela predileção e extremosa solicitude de que era objeto, não a tornava impertinente, vaidosa ou arrogante, nem mesmo para com seus parceiros de cativeiro. (...) Era sempre alegre e boa com os escravos, dócil e submissa com os senhores.

Certo dia, aproveitando-se da morte do comendador e da eventual turbulência que se instaurara na fazenda, o senhor Miguel, pai da menina, consegue raptá-la, e ambos fogem para o Recife.

Lá, pai e filha conquistam uma nova vida, trocando de identidade e vivendo como campestres. Mas a sorte de Isaura muda quando conhece Álvaro, um rico fazendeiro de boa índole por quem vai se apaixonar.

Aqui, faltando fundamento prático à autonomia do indivíduo sem recursos, o valor da pessoa depende exclusivamente do reconhecimento arbitrário de algum proprietário.

Tal como a nossa Eugênia de Machado de Assis, o seu acesso aos bens da civilização se efetiva somente por meio da benevolência eventual de indivíduo de classe alta.

Isaura torna-se, assim, noiva de Álvaro, mas, durante uma festa, é reconhecida por Leôncio, que agora vai duelar com o herói romântico.

É forçoso reconhecer que, nos romances românticos, a riqueza fica reduzida a um problema de corrupção e virtude. Uma das marcas desse século é justamente o híbrido de dramalhão que desemboca na rádio e na telenovela no século seguinte.

De todo modo, como veremos a seguir, o tema da piedade feminina voltará com força nas mãos improváveis de um desencantado: Graciliano Ramos, cujo pessimismo em face dos homens revelará uma permanente insatisfação com uma sociedade incapaz de se organizar segundo ideais de igualdade e solidariedade.

Desta vida agreste que me deu uma alma agreste

Graciliano Ramos só dizia o essencial. Para o resto, preferiu sempre o silêncio. Mas, surpreendentemente, a experiência de sua leitura deve se desdobrar em jornada. Porque aqui percorreremos o sertão, a vila e a cidade. Conheceremos homens nulos, mesquinhos, de empregados a vagabundos. Esmagados pela vida, na estreiteza de horizontes, levando quase sempre existência reduzida a uma bruta rede de misérias corriqueiras.

Para Paulo Honório, protagonista de São Bernardo, o sentimento de propriedade é a única força pela qual sobrevive. No romance de 1934, personagens surgem como meras peças que ante o narrador se amedrontam, frágeis e incapazes.

Filho de pais desconhecidos, Paulo Honório se eleva a fazendeiro respeitado graças à tenacidade implacável com que manobrou a vida: "O meu fito na vida foi apossar-me das terras de São Bernardo, construir esta casa, plantar algodão, plantar mamona. Levantar a serraria e o descaroçador, adquirir rebanho bovino regular".

Um homem para quem o mundo se divide, de fato, em dois: entre aqueles que respeitam os bens materiais e os que não os têm ou respeitam.

Nessa medida, o outro lhe interessa estritamente pela ética dos números: "(...) esperneei nas unhas do Pereira, que me levou músculo e nervo. Depois, vinguei-me: hipotecou-me a propriedade e tomei-lhe tudo, deixei-o de tanga". E é com o mesmo senso utilitário que analisará a própria ação: "A verdade é que nunca soube quais foram os meus atos bons e quais foram os maus. Fiz coisas boas que me trouxeram prejuízo; fiz coisas ruins que deram lucro".

Uma única vez Paulo Honório manifestará piedade, e ainda assim as relações só se concretizam pela via do cálculo. É pela negra Margarida, que o acolheu órfão na infância e lhe deu de comer. Sobre ela, dirá: "A velha Margarida mora aqui em São Bernardo, numa casinha limpa, e ninguém a incomoda. Custa-me dez mil-réis por semana, quantia suficiente para compensar bocado que me deu".

Um dia, Paulo Honório passa a cogitar o casamento. Nesse momento, o instinto de posse passa a complicar-se no homem com um profundo sentimento patriarcal, e aí se constituirá o drama do livro. O patriarca, visando um herdeiro, se vê apaixonado, e casa por amor.

Mas, se o amor unifica, em Honório, o sentimento de propriedade acarreta a total segregação. Madalena, sua mulher, é fraternal, e sua bondade ameaça a hierarquia com que foi possível obter todas as coisas.

> Conheci que Madalena era boa em demasia, mas não conheci tudo de uma vez. Ela se revelou pouco a pouco, e nunca se revelou inteiramente. A culpa foi minha, ou antes, a culpa foi desta vida agreste, que me deu uma alma agreste. (...) Descobri nela manifestações de ternura que me sensibilizaram.

Se até aquele momento ninguém fora capaz de confrontar o fazendeiro perverso, uma mulher vai aos poucos destruindo suas defesas, e ele então reage violentamente pelo ciúme.

Acuada, solitária, Madalena suicida-se. Ao homem aniquilado, resta a constatação da inutilidade de seu esforço:

> Sou um homem arrasado (...). Quanto às vantagens restantes – casas, terras, móveis, semoventes, consideração de políticos, etc. – é preciso convir que tudo está fora de mim. (...) Estraguei minha vida estupidamente. (...) Madalena entrou aqui cheia de bons sentimentos. Os sentimentos e os propósitos esbarraram com a minha brutalidade e o meu egoísmo.

Graciliano Ramos, na enxuta e brutal lucidez de seu estilo, no travo amargo, certamente, de seu gênio, deu às suas personagens secas um alcance perene. Testemunho e ficção encontram em sua obra uma alquimia rara e corajosa.

Capítulo 5

Questão de consciência

NOSSA HISTÓRIA

34F. Coladinho ao WC. Fundo do fundão. E janela. Único assento livre no *check-in on-line*. Aquele cujo encosto não reclina. Três horas e meia em noventa graus. De Belém a Guarulhos. Finalmente em terra, só a porta da frente daria acesso ao *finger*. Último a sair, portanto.

Inútil ter pressa. Cada qual só recupera sua bagagem nos compartimentos acima quando chega a própria vez de se deslocar – o que atrasa a evacuação em irritantes segundos por passageiro e em horas para os afoitos observadores do procedimento.

Já que é assim, melhor precaver-se. Uma última visita ao bem rodado WC. A turbulência prejudica a mira, imprecisa até mesmo em terra firme, onde, nos toaletes públicos, o urinar é desrespeitoso face aos usuários vindouros.

O procedimento completo com higienização das mãos tardou o suficiente para que a paquidérmica tropa cruzasse por completo o corredor. Só sobrara você. A caminho apressado e constrangido da saída, vislumbra sobre um assento um artefato técnico caro, esquecido por algum passageiro. Algo como um *tablet*. Nenhum comissário à vista naquele instante.

Sem abrir a boca, elabora na sua cabeça as seguintes frases: "Nossa, adorei. Estava de olho num desses há tempos". Olha para um lado e para o outro. "Eu, por mim, bem que levava, escondido na minha mochila. Até porque cabe. Mas pode ter alguém olhando e, nesse caso, acabo me ferrando. Melhor não arriscar."

Nesse caso, o ilustre passageiro não levou o que lhe apeteceu por medo de ser flagrado furtando.

Agora suponha outra conjectura para a mesma situação. "Nossa, alguém esqueceu o *tablet*." Você olha para os lados procurando alguém para avisar. Como não vê ninguém, segue adiante, deixando o *tablet* onde estava. Afinal, como você um dia aprendeu de verdade a não levar para casa o que não é seu, era essa mesmo a conduta esperada.

No fim do *finger* que conduziu ao terminal, comunicou a um funcionário o esquecimento.

Nesse segundo caso, o passageiro também não levou o que não era seu. Talvez lhe fosse muito útil dispor de um daqueles, mas a razão de não tomar para si o que fora esquecido é bem outra. Ali não houve medo ou perturbação decorrente de um flagrante embaraçoso imaginado. Não é ele a causa da conduta. Há respeito pelo patrimônio alheio.

***

Compreenda, querido leitor: se houvesse alguém só observando, veria o passageiro parar no corredor, olhar para o artefato, erguer a cabeça, procurar por alguém e seguir adiante, deixando ali o que vira. Esse observador não poderia saber o que estava passando pela sua cabeça. Isto é, o raciocínio que o levou àquela conduta.

Se, no entanto, dispusesse de algum recurso técnico que mapeasse a mente do retardatário, estaria ciente das duas elucubrações. Completamente diferentes. Essa diferença encontra-se, toda ela, na consciência.

Cabe, então, a pergunta. Quando atribuímos algum valor moral, o que exatamente estamos valorando? Será a pessoa que age? Por exemplo, João é canalha ou santo? Claro que não. Ao longo da vida, pessoas alternam boas e más ações.

Então, se não é João o canalha, será canalha essa ou aquela de suas condutas? O que ele fez ou deixou de fazer num tempo e lugar bem sabidos, como parar o carro em fila dupla ou fazer xixi na piscina do clube?

Pode ser. Afinal, sem a materialidade de uma conduta em que o corpo intervém sobre o mundo, não há mesmo como cravar nenhuma canalhice.

Mas observemos com atenção. No caso da nossa história, a tal materialidade da conduta foi passar pelo *tablet* e seguir em frente, deixando-o lá para ser recuperado pelo seu dono.

No entanto, vimos que pensamentos muito diferentes podem ter inspirado essa ação e que, segundo a razão pensada, pela qual agimos, nossa ação poderá ser avaliada muito distintamente. Assim, talvez não seja propriamente o que fazemos o objeto do valor moral, mas as reais motivações que nos levaram a agir.

***

No primeiro caso, a deliberação foi atravessada pelo receio da presença de um elemento fiscalizador externo. Pelo temor do que poderia acontecer caso houvesse flagrante. Houve um cálculo. Coisa de pôr na balança, mesmo.

De um lado, dispor de algo que gostaria de ter, sem comprar, sem pagar, sem esforço, sem trabalho. De outro, a possibilidade de ser flagrado tomando para si o que não é seu e tudo de ruim que advém disso.

Pois bem. Esse cálculo é estratégico. Tem a ver com a sua felicidade. Com a possibilidade de se dar bem, de obter uma vantagem com pouco esforço. Mas também tem a ver com a sua infelicidade. Com a possibilidade de se dar muito mal. Com o risco de sofrer um castigo muito maior do que o benefício trazido pela posse do bem.

Esse cálculo é feito por muita gente. Haverá quem passe a vida nele. Vivendo em função do custo X benefício. Procurando sempre obter o maior ganho com o mínimo esforço. O resultado poderá ser de grande valor para o agente que decide, mas nada tem a ver com ser honesto ou qualquer outra virtude moral. Trata-se de uma mera decisão com foco no resultado.

No segundo caso, quando você não pega porque não fica com o que não é seu, desaparece o fiscal externo. E, com ele, qualquer receio de flagrante, bem como de suas consequências nefastas.

Assim, a conduta – enquanto manifestação física observável por um terceiro –, tendo sido a mesma, foi decidida por outra razão. No lugar do cálculo, da probabilidade, do sopesar imediato dos ganhos e perdas possíveis, o respeito a um princípio de conduta, livremente adotado, ali dentro da aeronave. Talvez adotado sempre. E em qualquer lugar.

Aqui, sim, nesse segundo caso, estamos no coração da moralidade. O que torna sua conduta uma ação moral ou não está invisível a quem vê de fora. É 100% pensamento que, quando repetido, converte-se em princípio. E em caráter de quem o respeita.

***

Imagine um ser dotado de consciência que encontra ininterruptamente fragmentos de mundo com os quais se relaciona.

Que os percebe, sente seus corpos no seu, deixa-se por eles atrair ou repulsar. Que luta contra a fome, contra a sede e contra a morte. Que busca calor no frio, sombra no sol escaldante e a posição menos desagradável para o repouso.

A consciência desse ser no mundo é um prolongamento do próprio mundo em si mesmo. Da forma como o seu corpo interpreta cada instante de interação afetiva. Uma consciência no mundo como um pouco de água no meio de mais água. Uma mera continuidade.

Imagine agora outro ser que, além das coisas do mundo, também tem consciência de si mesmo. Consciência da própria consciência. Das relações com outros corpos. Da própria percepção deles. Dos afetos. Das inclinações e dos desejos.

Essa consciência de si também tem por objeto o próprio querer. Uma vontade distinta do resto, soberana, que pode se opor-lhe amiúde. Consciência que lhe permite atribuir valor às coisas do mundo e, assim, hierarquizar, escolher e dar primazia a certas inclinações.

Essa nova consciência deixa de ser água dentro de mais água. Permite interromper e redirecionar fluxos. É o que torna possível agir contra a própria comodidade, prazer, conveniência, gozo, interesse e, até mesmo, contra a própria sobrevivência.

Quantos, como Sócrates, tiveram a fuga facilitada e preferiram, em nome de algum valor superior a simplesmente continuar vivo, de qualquer jeito, fugindo ou se escondendo, pender em direção à própria dignidade?

MORAL DA HISTÓRIA

Toda moral responde à pergunta: o que devo fazer? É a lei que imponho a mim mesmo, conjunto de princípios que decidi livremente respeitar por considerá-los legítimos. É tudo que me autorizo ou me proíbo fazer. Questão de consciência, portanto. Mesmo que para isso tenha que abrir mão do que pretendo alcançar.

Exemplo escolar. Em dia de prova, o professor precisa deixar a classe por alguns instantes. Os alunos se aproveitam dessa ausência inesperada para consultar seus apontamentos. Um deles porque não aceita fraude, não copia do caderno as respostas certas.

Mesmo na ausência de um controle externo, faz a prova de mãos limpas, sem consulta. Obtém nota inferior à que obteria caso tivesse se aproveitado da situação. Usou a liberdade para respeitar as regras.

Exemplo profissional. Coisa de gestão. A empresa passa por uma reestruturação. Mais trabalho. Menos colaboradores. Mais atitude, proatividade, espírito de dono, resiliência. Mesmo salário, porque a lei não permite reduzi-lo. Só os mais eficazes conservarão seu emprego. Todos torcem pelo deslize do outro. Destacam a ineficácia alheia. Insinuam a incompetência ou a desmotivação de uns e de outros.

Esse cenário de delação generalizada não impede alguém de jogar o jogo em equipe de verdade. Cobrir as eventuais falhas dos companheiros. Esforçar-se por reduzir suas fragilidades. Colocar-se à disposição para promover a integração, em nome do triunfo de todos.

Exemplo de mestre. O professor Cortella relata – em suas magistrais palestras – o desfecho de uma maratona. O corredor espanhol se aproximava do fim da prova. Vinha em segundo. O queniano liderava desde a partida. Porém, na hora de cruzar a linha de chegada, equivocou-se e parou de correr um pouco antes. O espanhol se deu conta do erro e empurrou o adversário para a vitória. Recusou-se a tirar vantagem, conservando sua segunda colocação.

Toda ação moral requer respeito a princípios, mas não para obter vantagem. Se assim fosse, não passaria de estratégia, legislação em causa própria. Tampouco para ser recompensado pelo acaso ou por forças justiceiras, o que seria simples investimento. Menos ainda para ser feliz, já que moral não se confunde com egoísmo. A felicidade de quem age nem sempre resulta de uma ação justa ou de uma vida proba.

Respeito a princípios para agir por dever. Para fazer o que é devido. A coisa certa do jeito certo. E assim, quem sabe, contribuir com o coletivo. Com uma convivência harmoniosa, respeitando direitos, pretensões e interesses do outro. Construir, por intermédio da própria conduta, uma ideia de si e da humanidade.

Moral é reflexão sobre si mesmo. O seu único objeto é a própria ação. É deliberação sobre o próprio agir e, por isso, nunca se converte em conselho, dica ou mesmo ordem. Pensar sobre como o outro deve agir ou deveria ter agido – embora povoe as mentes e sirva de tema para muitas conversas – nada tem a ver com moral.

Os deveres alheios – sabemos bem – são assunto pra mais de metro. Falar mal de quem não se encontra é passatempo de quase todo mundo. Fofocar socializa. Entretém. Diverte. Desopila. Com um cafezinho, então! Atribuir valor moral negativo à conduta alheia é campeão de audiência em qualquer espaço de interação.

Ainda assim, insisto: isso nada tem a ver com a moral. Será mero moralismo para despreocupados que já resolveram por completo todos os dilemas da própria existência.

***

Moral não é afeto. Não é como aquela força que vem não se sabe de onde e nos arrebata de forma irresistível para fazer ou deixar de fazer alguma coisa. Como uma tentação.

O pai que, mesmo sem saber nadar, se joga no lago para salvar o filho que se afoga não age por moral, mas por amor. O amor guia. Comanda. Não há escolha no amor.

Se quem se afogasse não fosse uma pessoa amada, seria diferente. Imagine alguém desprezível se afogando. O desejo é jogar uma âncora para que afunde mais rápido. Porém, contrariando o desejo, o outro atira-se no lago para salvá-lo.

Por consciência. Contra o desprezo. Contra os afetos. Moral é escolha consciente, questão de consciência.

Imagine uma escola cheia de pré-adolescentes, naquela fase da vida em que se começa a descobrir o desejo. A meta a ser alcançada é o primeiro beijo. Até bitoca vale, desde que seja na boca.

Nessa escola, há duas amigas. Melhores amigas para sempre, dizem. Há também um menino bonito. As duas o acham um gatinho.

Na festinha de domingo na casa da Martinha, só uma das amigas foi. A outra estava gripada. O menino bonito também estava lá. Rolou entre eles o primeiro beijo. Foi a sensação da noite.

A adoentada ficou sabendo. Sentiu-se traída: a amiga sabia do seu desejo pelo menino e, mesmo assim, ficou com ele. Ela se rói de decepção e inveja.

Na semana seguinte, o encontro na escola. A essa altura, todos já sabem da treta. Espectadores ansiosos por uma briga de meninas. No recreio, o confronto.

– Com tanto menino para você ficar, tinha que ficar com o meu?

– E quem disse que ele era seu?

– Você sabia que eu gostava dele. Ficou com ele só para me ferir, me magoar, porque você sempre teve inveja de mim.

– Amiga, não foi nada disso… Aconteceu…! A gente não escolhe de quem gosta. Resisti, mas foi mais forte do que eu…!

Talvez você já tenha visto alguma discussão assim. Duelo de corações magoados.

Repare que aquela que se sentiu traída pela amiga beijoqueira insinua que a amiga agiu por consciência, movida por uma vontade espúria de ferir. Argumentos do tipo "com tanto menino para você ficar, tinha que ficar com o meu?" reforçam uma escolha, aumentam o peso moral da conduta.

A amiga faz o contrário. Ressalta a falta de escolha. O arrebatamento amoroso. Falta de participação da consciência nas escolhas que levaram ao beijo.

As duas jogam com o peso moral da escolha.

Uma aumenta o peso moral, colocando o beijo como questão de consciência. De má consciência. Que a amiga tinha escolhas. Que tinha liberdade para agir. Mas agiu da pior forma. Movida pelos piores valores. Indiferente aos afetos da amiga.

Outra faz o contrário. Diminui o peso moral negando tanto consciência quanto liberdade para agir conforme a consciência. Moral requer os dois.

Sem liberdade, de que adiantaria uma consciência que delibera bem? A pessoa saberia o que é certo. Haveria a vontade de fazer o certo. Mas não haveria a conduta certa por impossibilidade de converter a vontade em ação. Seria apenas elucubração.

Que mérito teria alguém que salva uma pessoa em perigo só porque outra o obrigou a isso? Os méritos seriam não do salvador, mas de quem deu o comando que levou ao salvamento. É dele a boa deliberação consciente. É dele também a liberdade de agir conforme a consciência, ainda que por meio do corpo de outro sobre quem exerce algum poder de comando.

Só o agir consciente pode ser objeto de mérito. Também de culpa. Ambos são coisa da consciência. Valores atribuídos ao agir moral de outro.

Imagine alguém que faça algo bom. Seria heroico se essa coisa boa fosse feita por acaso? Sem consciência? Como o salvar alguém de ser atropelado esbarrando nele sem querer, por não tê-lo visto. Sem sequer ter noção de que havia um risco.

Também não haveria culpa se o esbarrão, em vez de salvar, criasse o acidente.

Para culpar, seria preciso colocar a consciência em algum lugar. No dever de prestar atenção enquanto anda pela rua movimentada, por exemplo.

Moral é questão de consciência. Consciência é o lugar da moral.

HISTÓRIA DOS OUTROS

Carlos Drummond de Andrade publicou pouca prosa de ficção fora dos limites da crônica. Ao lado de outro grande poeta, o também modernista Manuel Bandeira, transitou entre o urbano e o interiorano, e por esse estranho e raro caminho que faz combinar inocência e ironia.

No conto de Drummond, a utopia lúdica e a ironia fina acabam mirando um lugar equivalente: encontram-se no ponto em que ambas recusam uma ordem dominada pelas aparências, pelos jogos de poder, pelo farisaísmo, e outras tantas mediações que impedem os indivíduos de praticar seus valores.

Em "A doida", publicado em 1951 na reunião *Contos de aprendiz*, o autor narra a luta entre crianças e uma mulher doida que expira, assistida por um deles. Três garotos descem a rua de manhã cedo para a pega de um passarinho. Mas era bom, afinal, passar pela casa da doida e provocá-la. As mães diziam o contrário: "Dos doidos devemos ter piedade, porque eles não gozam dos benefícios com que nós, os sãos, fomos aquinhoados". E, por não oferecerem mais explicações, não comoviam ninguém. A loucura, assim, parecia antes um erro do que uma miséria. Drummond é, antes e sobretudo, poeta. Entre outros motivos, talvez seja esse o aspecto mais determinante para que também sua prosa seja tão marcadamente singular. Aqui, ao mesmo tempo que consolida o rigor e o desencanto do poeta consagrado, alcança um lirismo solto de que sua poesia, sempre tão contida, não poderia desfrutar.

> Vinte anos de tal existência, e a legenda está feita. Quarenta, e não há mudá-la. O sentimento de que a doida carregava uma culpa,

que a sua própria doidice era uma falta grave,
instalou-se no espírito das crianças.

Tanto que, certo dia, resolvem invadir seu jardim. O líder do bando, verificando as facilidades de acesso e o abandono da propriedade, perde o senso de precaução e decide avançar para a casa.

Agora sozinho, encontra uma velha jogada sobre um catre de solteiro, muito pequena e escura, dessa sujeira que o tempo deposita na pele para sempre.

Já ali se dissipa completamente o desejo de maltratá-la. Havia no gesto precário dela alguma coisa que ele entendeu como súplica e que procurou atender oferecendo-lhe água.

Fazia tudo naturalmente e já nem se lembrava por que entrara ali. Não lhe ocorria sequer a mais vaga ideia de uma doida, mas de uma mulher com sede, que estaria talvez morrendo.

Drummond parece mover-se aqui por uma intenção moral, mas fugindo de toda perspectiva com mensagem explícita, de toda exposição direta de ideias, de todo enchimento político. A tensão das pequenas coisas acionadas com concisão é que dá a esse conto a sua pujança.

No fim, ao colocar moribunda e menino frente a frente, o autor faz lembrar suas próprias palavras nos "Apontamentos literários", em que anota o seguinte:

> (...) não temos culpa de ser mais velhos, de possuir maior soma de visões, de lembranças, de riquezas imponderáveis: que desvendamos certos segredos porque nos foi dada oportunidade de viver já há mais tempo; que o tempo traz consigo certa sutileza, e que a suposta derrota de envelhecer nos confere uma relativa superioridade.

O garoto do conto, temendo que a pobre mulher morresse sozinha como ninguém no mundo deve morrer, vai, tropeçando entre os móveis, arrastar um pesado armário da janela para que a cortina, agora desembaraçada, possa dar lugar a um feixe de luz. E, com o ar que entrava fino, vem a decisão: não a deixaria ali para procurar ninguém.

O poeta, que vê fundo o mundo prosaico de suas personagens desvalidas, não cede ao derramamento sentimental, mas se mantém afiado às suas tristezas. E, em poucas páginas, é capaz de exprimir o essencial e mais sublime de uma vida.

Numa comparação mais que ligeira, podemos citar a frase que o russo revolucionário Máximo Gorki usou para se referir a seu contemporâneo, o grande contista Anton Tchekhov: "Ninguém, como ele, compreendeu a tragédia contida nas pequenas coisas da vida".

EU SOU POP
POP

Capítulo 6

Eu sou *pop*

NOSSA HISTÓRIA

E agora, o que fazer?!

A primeira ideia foi esconder logo aquilo. Ali dentro do carro mesmo. Seria o mais simples. Afinal, já estava a bordo. E a caminho de casa.

Mas o "Kazinho" não era um bom esconderijo. Atendia a nós dois, em função do dia e do horário. Por hábito, ela mexia e vasculhava em tudo, investigava a origem das mínimas coisas. O que dirá de um pacote como aquele que, no interior do frigobar de rodas, ganhava muito em proporções!

O risco era enorme. O jeito era levar pra casa.

Naquele dia, almoçaríamos juntos. Melhor companhia do mundo naqueles tempos da vida. Comida boa feita em casa. Da lavra de dona Julieta, especialista em sobrecoxa de frango com molho de laranja. Redução, diriam os mais pomposos. E chuchu com molho branco, pra me deixar feliz. Arroz bem quentinho. Dois ovos fritos com gema mole e uma banana passavam a régua do cardápio.

Ela certamente já estaria de volta. Voltava a pé do trabalho e chegava sempre antes. Viria ao meu encontro quando ouvisse o barulho da chave destravando a porta da entrada. As saudações fariam crer em anos de separação.

Toda essa ternura denunciaria qualquer elemento estranho por debaixo da roupa. Eu teria mesmo que acomodar provisoriamente o pacote na mala, por debaixo dos livros.

Vencida a fase da chegada, eu ganharia minutos de solidão. Protocolos de higiene conferiam algum isolamento. O apartamento, ainda que pequeno, oferecia mais alternativas. Cantos de pouca visitação. Fundos de gaveta ou de baús só abertos em dezembro, na hora de montar a árvore de Natal.

Sim. Era essa a melhor saída. Sem dúvida. Um lugar impossível de achar. Ou, pelo menos, um canto improvável de ser mexido.

Esconder bem escondido me permitiria conservar a posse daquele mimo. O objeto traduzia em um pequeno pedaço de tecido sentimentos raros e preciosos de admiração, apreço, carinho, alegria etc.

Mas a contrapartida desse benefício cheio de apego era clara: um dissabor quase certo no futuro. Astúcia, esperteza e, sobretudo, intuição nunca lhe faltaram.

Cedo ou tarde, ela terminaria encontrando.

Essa expressão "cedo ou tarde" vem sempre acompanhada de algo negativo. Ninguém diz que cedo ou tarde vai acabar seduzindo a pessoa que ama ou conseguindo a tão desejada promoção. Em espanhol, curiosamente, inverte-se a ordem dos termos e a sequência cronológica: "*tarde o temprano*". A ênfase no tarde parece empurrar a temida ocorrência para a frente. Uma gota a mais de esperança e conforto.

O simples cálculo do risco de ela achar algo que eu tinha escondido, como todo risco restrito à mente, foi suficiente para dar uma brochada.

Incrível o paralelo entre os diagnósticos da razão e a produção da vesícula biliar. A imagem do flagrante – descobrindo o esconderijo e comprovando a artimanha –, além da boca amarga, torceu-me o fígado, enrijeceu o estômago, acelerou o coração e a respiração.

Isso para ficar na distraída consciência corporal de quem espera a fila de motoqueiros passar para poder mudar de faixa.

Brotou-me então na mente outra ideia. Menos arriscada. Para alegrar um tiquinho aquele angustiado regresso.

Garantido mesmo era jogar fora de uma vez. Em algum lixo de rua. Solução fácil e higiênica. Esperaria chegar no bairro e encontraria uma caçamba. Dessas que ficam na rua, na frente de edifícios em reforma. Arremessaria da janela, mesmo. E pronto. Problema resolvido. Sem deixar rastro.

Risco zero dali pra frente.

Mas puxa vida. Desfazer-me de algo que tanto alegrara a vida daquela manhã! Não era justo. Afinal, tratava-se de um aplauso estritamente profissional. O primeiro sinal de reconhecimento do meu trabalho. Um troféu, portanto. Honra ao mérito. Singelo, mas muito sincero.

Livrar-me dele assim, sem mais, implicaria aniquilar em desdém todo o seu valor. Carimbá-lo de indiferença. Asfixiar, em meio aos detritos, toda a afetividade latente do dar e do receber.

Em plena avenida 23 de Maio, na falta absoluta de trânsito, com os carros enfileirados em ponto morto, só mesmo as ideias fluíam. Isolado no banco do motorista, o rádio AM cheio de chiado trazendo as notícias do futebol. Conforto, ali, só no carro ao lado, blindado de ponta a ponta, para proteger o mundo exterior das safadezas do pomposo proprietário.

O nosso era diferente. Outro estilo. Meio sujo, meio batido e com a terceira metade toda riscada.

Desde que o carrinho fora furtado na cidade universitária e recuperado pela seguradora em Santo André, o apreço por ele tinha diminuído bastante, levando consigo o pouco de zelo que tínhamos por engenhocas do gênero. Limitávamo-nos ao indispensável para que continuasse rodando. Trocar por um mais novo, nem pensar.

Enfim, voltando ao presente que ganhara: esconder ou jogar fora?

Nos dois casos, haveria falseamento. Tirar da vista do outro implicava impor-lhe goela abaixo um vazio mentiroso de realidade. Uma inexistência do que existiu. O presente, o gesto da entrega – com todos os encantamentos, inclinações, atrações e justificativas argumentadas dos alunos – e, finalmente, as minhas sensações ao recebê-lo.

De fato. Naquele episódio, uma afetação relevante de meu corpo e alma teria sua ocorrência omitida. Um instante auspicioso da vida vivida, em que houve muita sensibilidade, alegria e doçura, em vias de ser amordaçado. Condenado ao não relato.

Talvez por isso mesmo, as duas iniciativas, por enquanto apenas cogitadas, já causavam grande mal-estar.

A dignidade esbofeteava a cara sem dó, clamando pelo melhor juízo. Tristeza embalada na sordidez moral das próprias ideias. Desgosto de me imaginar fazendo isso ou aquilo. Decepção em primeira pessoa. Desencontro perturbador comigo mesmo.

E tudo isso determinando uma autoavaliação pífia, uma nota mais que vermelha para a própria conduta.

Decisão nefasta essa entre esconder e jogar. Dois males que se enfrentam em detrimento da alma envergonhada, condenada a decidir. Afinal, impedir o acometimento do mal maior não resolve o desconforto do menor oferecido em troca.

***

Elvis de Bastos sou eu. Acabei suprimindo esse "de". Nunca soou muito fluido. Desde então, o novo nome, amputado da preposição, só fora mencionado, com a boca cheia e sem as duas famigeradas letras, uma única vez: na fila de espera para colher sangue.

Admito que tenha sido pouco, singelo e só para mim. Ninguém mais terá notado a textura aveludada e a fonética mais impositiva da justaposição pura e simples do prenome ao sobrenome. Mas eu gostei. Achei que ficou muito melhor.

Elvis Bastos.

Ofício, professor universitário. Era o que eu fazia para sobreviver naquele momento.

Antes, acredite, fora ainda pior. Lembro-me de ter cantado no metrô, vendido sanduíches em cadeias de alimentação rápida, redigido horóscopo para jornais de bairro, aplicado questionários na rua sobre uso de preservativos e outras atividades de circunstância que me escapam agora.

Na gestão da memória – seja para consumo interno, seja para interlocução –, nunca assumi maiores compromissos com o rigor dos fatos. Lembro do que me convém. Ou do que não me machuca muito.

Se o leitor acha indigno, ao menos foi avisado. Fico na torcida para que encontre alguma máquina registradora de moral mais confiável do que a minha.

O mais curioso – com esse perfil claudicante em face da riqueza dos fatos – foi ter lecionado ética no jornalismo por toda uma vida.

Já havia enfileirado, por aqueles tempos, uns dez anos de sala de aula. Sem falar nos 22 anteriores, vividos à deriva, na ignorância plena do que viria a ser de mim. Na impotência de fazer acontecer de uma vez o que sonhava para o próprio devir. Na castidade de nunca fruir ali mesmo do gozo mais desejado, na arte da docência.

Em suma, 22 anos corroídos pela esperança, que só fazia parir mais dela mesma, sem nunca converter-se em alguma alegria.

***

Havia me casado havia menos de dois meses com Catarina Pitangueira. Cerimônia concorrida na Catedral da Sé de

São Luís do Maranhão. Sábado de calor canicular em dezembro de algum ano do final do século passado. Festança em salão nobre no São Francisco. E noite de núpcias no principal hotel da cidade, em pleno Calhau.

Um evento que movimentou a sociedade local. Os Pitangueira eram muito bem relacionados. Gente da alta. O superbadalado colunista Tarquíneo Luxemburgo ficara por conta a semana toda. Um suplemento inteiro do principal jornal da cidade registrou, no domingo do dia seguinte, em abundância de texto e fotos, o prestigiado enlace.

Compareceram todos os convidados e muitos outros mais.

Quanto ao noivo, bem, esse, na economia das trocas simbólicas, parecia seguir à risca os ensinamentos budistas para uma vida boa. Fluidez identitária, ancestralidade despretensiosa, subjetividade difusa, ego sem contornos precisos, patrimônio investido em vacuidades. E quanto às suas opiniões, se as tinha, sem oportunidade para enunciá-las.

Uma trajetória até então marcada pelo mais completo desapego.

Café com leite. Era esse o seu papel ali. Denominação daqueles últimos escolhidos no joguinho do recreio cuja participação figurativa na peleja nunca interferia nos seus lances mais decisivos. Por isso, tanto fazia pra que time jogassem. Presença irrelevante. Que nada agregaria.

Até para desabonar lhe faltava estofo.

E o fuxico se espalhava pelos bancos da imponente igreja, pelas mesas do bufê e pelas casas das pessoas importantes do pedaço.

– Quem é esse noivo de Catarina? Já ouviu falar?

– Sei que se chama Elvis!

– Será que ele também canta???

– Veio de São Paulo. Parece que é professor. Desses que dá aula pra um aluno só. Mal ganha pra viver. Não deve ter onde cair morto.

– Se ainda fosse bonito!

– Enfim, cada um sabe o que faz da vida, não é mesmo?

– Coitada da Catarina. Tantos pretendentes por aqui. Gente de cacife. Foi se encantar por um pé-rapado que ainda por cima vai levá-la embora.

– Coitada, nada! Tenho pena é do Leite Filho. Esse, sim, é de dar dó. Tantos anos de namoro. Voltou da Alemanha para se casar com ela. Carreira política brilhante pela frente.

– Verdade. Filho de quem é, se elege pra o que quiser.

– Pois é. Largado na rua da amargura. No pé do altar. Um moço criado como um príncipe. Com tudo do bom e do melhor. E pra quê? Pra quê? Diz!

– Tem razão. Pra ser trocado por esse morto. Cara de sonso. Jeito de abestado.

– E escute o que eu vou te dizer. Essa postura de cobra mal matada não me engana. Pescoço muito esticado, queixo perto do ombro. Não sei, não. Isso não é coisa de homem. Macho de bago firme não se contorce desse jeito.

Nada disso importava muito. Eu estava ali para me casar. Um grito altivo de minhas intenções.

Minha noiva, a Caquetz, assim eu a chamava sem sua aprovação inicial, era causa de minha alegria nos últimos anos. Desde o primeiro até o mais recente de nossos encontros. Restava, portanto, arregaçar as mangas e definir um orbital de convivência em que a interação fosse recorrente e os esbarrões, quase compulsórios.

Instituições servem para isso. Conferir aos encontros frequência, ritmo e significado; ensejar, assim, relações legítimas entre seus agentes; e permitir, com um empurrãozinho do divino, que as alegrias sentidas em sua origem se conservem para sempre.

O início de tudo caíra como uma luva. Um convite para um curso na Universidade Federal do Maranhão. Sob medida para quem ainda sangrava no abandono do último desagravo amoroso.

Ela, recém-formada em jornalismo, conservava vínculos com o departamento. Cabia-lhe a organização de cursos de extensão, ministrados por professores convidados e abertos a toda a comunidade.

Eu, na realidade, dava aulas particulares de francês. O ganho mais significativo vinha daí. Nas horas vagas, fazia figuração em faculdades de comunicação. Acabara de lançar meu primeiro livro, sobre os efeitos sociais da mídia. Foi o tema sugerido para o tal curso.

No curso organizado por Catarina, as aulas ocorreriam todas no período noturno, abrindo dia cheio para turismo e descanso. Conduzido com zelo e simpatia por minha anfitriã, encantei-me pela cidade e seus cidadãos.

No sábado da despedida, após uma semana de deslumbre e desfrute, destinei cada quinhão recebido à aquisição de uma passagem de avião para São Paulo. Devolvia-lhe, assim, o convite.

Foram quatro anos daí até o matrimônio oficial. Tempo suficiente para que mapeasse o terreno, identificasse os sintomas e suas causas, definisse estratégias. Nesses anos, Catarina pôde avaliar as possibilidades de cenários alegradores, bem como seus obstáculos.

Não se casara açodada, de inopino ou cega de paixão.

***

Algumas semanas felizes após a celebração foram premiadas com um convite. Escola privada de prestígio nacional no seu campo de atuação solicitava um curso que seria oferecido apenas a alunos interessados. Optativo, portanto.

Ainda não era o vínculo sonhado, de professor regular e CLT carimbada. Mas a fresta estreita do portal entreaberto permitia divisar maravilhas no seu interior.

Tratava-se de iniciativa experimental e inédita. A ética como objeto de reflexão e ensino, em cursos de formação profissional, começava a se fazer respeitar. A instituição resolveu apostar em um desconhecido e oferecer-lhe seu trampolim de excelência reconhecida.

Não tinham, porém, a menor ideia do interesse dos alunos. Por isso, ofereceram, meio no escuro, trinta vagas para um curso de um semestre letivo com uma aula por semana.

Para surpresa de todos, houve demanda para mais, exigindo dos responsáveis dobrar a aposta. Uma nova turma. E o professor recém-casado, carente de móveis e utensílios domésticos, dobrou a alegria. E o ganho.

Pretendia impactar. Suscitar rumor de qualidade docente. Só assim haveria alguma chance de contratação definitiva. Para tanto, o mais imprescindível, e também improvável, ululava, desde os primeiros minutos de aula, apaziguando meus temores.

Aqueles alunos e alunas estavam especialmente a fim de aprender.

Um curso não obrigatório e gratuito poderia ter despertado simples curiosidade, leviana e indisciplinada. Ou nem isso. Naquele horário, o resto da comunidade discente desfilava pelas imediações, em regozijo abastado, suas confortáveis juventudes.

Não era o caso ali. Muito pelo contrário.

No início da quinta aula, fui abordado por um grupo de alunas. Eram sete. Uma delas tomou a palavra, solicitando a atenção de todos. Representavam as duas classes.

Pretendiam, com aquela pequena cerimônia, manifestar apreço pelo curso, pelo zelo na sua preparação, pelo bom humor e pela energia. Estavam adorando! Era o que queriam me dizer. E disseram que colegas não matriculados estavam curiosos e arrependidos.

Já teria sido inesquecível, mas não parou por aí. Entregaram-me, em meio a aplausos, um pacote. Embrulho de presente. Pela consistência, era roupa. De fato. Uma camiseta estampada por elas. E em letras garrafais: "Eu sou *pop*".

***

Eu não podia jogar fora. Seria injusto comigo e com meus alunos. Tampouco esconder. Pequeno, rasteiro e enganador. Decidi vestir. E, com o *pop* no peito, abri a porta de casa, com a fome de sempre e orgulhoso de minha decisão.

Haveria ônus.

A tristeza de quem amamos é bem sofrida de dar causa. Fui logo dizendo tudo, relatando os fatos com detalhes autorizados pela memória e pela rara coragem. Já tinha falado das turmas. Do interesse, da simpatia, do entusiasmo pela minha presença. Acrescentei ali, naquele almoço, as sete moças. O discurso. O presente. E a candura.

Senti que precisava continuar falando.

Que as coisas da vida possam ser ditas tal como acreditamos terem acontecido. Que os dissabores sirvam de terapia, ajustando expectativas vindouras. Que haja maturidade emocional para enfrentar o ciúme, a tristeza e a dor.

E, sobretudo, que seja assim para ambos. De parte a parte.

Porque só nesse caso a decisão diária de seguir compartilhando a vida poderá ser tomada a partir do que consideramos verdadeiro. Permitindo, assim, ao outro estar sempre a par das situações vividas, dos pensamentos pensados, das sensações sentidas.

E, se porventura houver erro, que possa também haver perdão, indulgência e misericórdia. Contamos muito com tudo isso.

Afinal, só deliberei expor a camiseta e seus significados aos 45 do segundo tempo. Depois de muita asfixia. Em trânsito agoniado e cogitar pequeno, sobre as vantagens e as desvantagens de esconder ou jogar no lixo.

MORAL DA HISTÓRIA

Quanto vale dizer a verdade? Como você calcula isso? Pensa nas consequências da mentira e da verdade? Ou nem cogita dos efeitos, pois acredita que a verdade vale por si mesma? Esse valor da verdade, para você, é o mesmo em qualquer situação?

Há duas formas de se pensar o valor de uma conduta. A primeira é considerando a conduta um meio para se atingir um fim qualquer. O seu valor como meio dependerá de atingir ou não a finalidade e do resultado alcançado.

Pensemos na verdade. Se ela for meio para se atingir uma finalidade qualquer, então a verdade deverá ser dita no caso de ser um bom meio para se atingir o resultado considerado bom. Se o que se espera como bom resultado for a paz matrimonial, então omitir a existência de uma camiseta comprometedora pode ser considerado uma boa conduta.

Isso seria mentir? Sim. Mas perceba que nessa hipótese nem a mentira, nem a verdade têm valor em si mesmas. São apenas meios para um fim, este sim, valioso. No exemplo, a paz matrimonial.

Essa maneira de pensar tem um nome estranho: consequencialismo moral. Porque o valor moral está nas consequências, e não nos meios para se atingi-las.

De maneira diferente do que ocorre no consequencialismo moral, é possível considerar que a verdade e a mentira tenham valor em si mesmas. Que a verdade seja sempre mais valiosa que a mentira. Nesse caso, o nome é outro: moral de princípios.

Princípio seria uma regra. Como toda regra que se preze, anterior à conduta que se pretende regrar. Quer dizer, você não age e começa e pensar na regra da sua ação. Primeiro pensa na regra da ação, depois a executa conforme a regra.

Afirmar que dizer a verdade é uma questão de princípios significa que você um dia pensou uma norma para sua comunicação. Concluiu que a verdade é algo tão bom de ser dito, tão correto, que dizê-la deve ser a regra.

Sendo uma moral de princípios, não importam as consequências. Pode ser que você se dê muito mal falando a verdade. Que receba em troca dor ou tristeza. E nem adianta levantar a bandeira dos princípios morais. Dificilmente se é perdoado por isso.

Seguir princípios morais é uma escolha. Modo de vida. Escolheu-se isso e também as consequências. Os convictos de seus princípios aguentam com orgulho as consequências. Sofrimento do herói dos princípios. Coisa de gente forte, porque é preciso ser forte para se ter princípios.

Mas se eles são algo a ser observado independentemente das consequências, então devem ser muito bem pensados. Deve-se ter a certeza de que valem a pena em quaisquer situações. Filósofos dirão que princípios só são dignos se forem universais. Quer dizer, se valerem em quaisquer circunstâncias.

Vejamos o caso da verdade. Vale a pena por si só? Imagine o contrário: que a regra da sociedade fosse a mentira. Se todos mentissem, a vida seria boa? Parece que não. Não haveria confiança, porque, enquanto a verdade é uma só, a mentira pode encobrir qualquer coisa. Deixa a coisa incerta.

Ninguém vive sozinho. Somos interdependentes. Dependemos até mesmo de gente que não conhecemos. Afinal, quando abro a torneira de casa, sai água tratada. Alguém que eu não conheço e que provavelmente nunca vi ou verei teve que trabalhar para que isso acontecesse em minha cozinha.

Se dependemos até mesmo de gente que não conhecemos, não se poderia esperar que todas as nossas relações fossem negociadas. A maioria se dá por confiança. Certeza que não se pode confirmar. Numa sociedade de mentirosos, fica muito difícil confiar. Não é uma sociedade viável.

Se a mentira inviabiliza a confiança e, portanto, a própria vida social, então a verdade parece bem mais digna de ser um princípio universal do que a mentira.

Ao dizer a verdade, reforça-se a confiança e se fortalecem laços sociais. Ainda assim, com tudo isso de bom, você pode se dar mal.

É preciso um valor digno da universalidade moral, mas também é preciso coragem para enfrentar as consequências de dizer a verdade sabendo que nem sempre o faz por si mesmo, mas pelo bem da sociedade e das relações da qual faz parte.

HISTÓRIA DOS OUTROS

Joaquim Manoel de Macedo já demonstrava preocupações de novelista sentimental na sua tese de doutoramento. No século XIX, a sociedade brasileira contou com os filhos das famílias ricas do campo para formar seu senso analítico, sua inteligência na cidade. Foi assim com José de Alencar, Visconde de Taunay e também com Macedo. Raros casos fugiram a esse esquema, como Machado de Assis, de origem humilde.

O romance dessa primeira fase correspondia, quase sempre, às expectativas de um público a quem bastava uma trama chorosa e rica em acidentes, imitando os folhetins franceses de Alexandre Dumas.

Assim, *A moreninha*, lançado em 1844, obteve êxito expressivo ao operar no binômio realismo-idealismo, que trazia à narrativa o cotidiano, mas também reforçava o imobilismo de uma sociedade vegetativa, em que imperava certo pacto com o bom senso.

O enredo inicia-se com três amigos e estudantes de medicina, Augusto, Fabrício e Leopoldo, convidados por um quarto, Filipe, para um dia na casa de praia. Apenas Augusto hesita, mas a presença de Carolina – a moreninha

– e das primas de Filipe, Joana – a pálida – e Joaquina – a loira –, serve de incentivo. Tanto que decidem apostar o futuro de Augusto. Caso se apaixonasse por uma única jovem durante quinze dias ou mais, assumiria o compromisso de contá-lo em romance.

Irônico, o rapaz reflete:

> E vós, meus caros, que blasonais de firmeza de rochedo, vós jurais amor eterno cem vezes por ano a cem diversas belezas... vós sois tão ou mais inconstantes que eu! ... Mas entre nós há uma grande diferença: vós enganais e eu desengano, eu digo a verdade e vós, meus senhores, mentis.
>
> (...) Apaixonando-me tantas vezes, não chego nunca a amar uma vez.

O jovem, na verdade, evitava cair nas graças das mulheres, causando tanto mais medo do que infelicidade ao coração das senhoritas. Por isso, passa a ser rejeitado, até que Carolina, quinze anos, zombeteira e inteligente, começa a trazer nova atmosfera aos sentimentos de Augusto.

Tomado por perturbação, acaba confessando à avó da garota, D. Ana, a razão de seu comportamento frio: aos oito anos, em passeio, conhecera uma menina a quem jurara amor eterno. De um velho moribundo receberam cada qual, naquele dia, um *breve*, simbolizando o enlace, que jamais ocorreria. Outras desventuras também marcaram sua trajetória; escarnecido por três jovens de suas devoções afetivas, decidira fechar-se ao amor, dedicando-se apenas à diversão sem maiores consequências. Carolina, escondida, também escuta a confissão.

Embora tenha atravessado o Romantismo, já que escrevera dos anos 1840 aos 1870, Macedo parece ter descoberto logo alguns esquemas lacrimosos de dramalhão, aplicando-os assiduamente até o fim de sua produção.

Do quadro desse expediente compõe o amor difícil, o mistério sobre a identidade de alguém importante, o conflito entre dever e paixão, um reconhecimento final. Isso talvez explique que o autor tenha diluído esse conteúdo de *A moreninha* em outros dezessete romances.

De retorno à corte, Augusto trará consigo mais que uma agradável lembrança da companhia dos amigos. Guardará agora um sentimento profundo que vai rendê-lo a afabilidade de Carolina:

> Estava o nosso estudante sonhando com certa pessoa, de quem ele teve até aborrecimento e que agora, com os olhos travessos, começa a fazer-lhe cócegas no coração, vinha terna e amorosamente despertá-lo. (...) ao sentir tão

> perto dos seus os lindos lábios dela, estava ardentemente desejoso de furtar-lhe um beijo.

Entristecido pela distância, o rapaz corre ao encontro da amada, a qual lhe revelará, após uma breve repreensão, que era ela a garotinha do voto perpétuo na infância.

Final feliz para o casal. Augusto paga a aposta feita, dedicando a Carolina seu primeiro romance: *A moreninha*.

É com os românticos que começa a fixar-se a pessoa enquanto projeção de conflitos dos próprios autores. Ocorre com os franceses Balzac e Stendhal, heróis que nutriram a fantasia do leitor oitocentista.

Mesmo na pobreza da ficção ou na míngua do sentimento que não o eleva a um romântico de proa, Manoel de Macedo tem nesse livro uma adesão a certo tipo de personagem peculiar à crônica e que servirá de substrato para algumas das primeiras obras de Machado de Assis.

nota
sentimentos são
fáceis de
experimentar e
dificeis de explicar

Capítulo 7

Morembau na "boca"

NOSSA HISTÓRIA

O gordo bem que sugeriu outro caminho. Não teria achado tão ruim caminhar um pouco mais. O sol já tinha batido o cartão. Seus últimos raios, retardatários, mergulhavam afoitos no horizonte nada belo, privativo dos andares de cima. As luzes da rua chegavam sempre atrasadas na virada do turno.

Marco Macedo não era tão gordo assim, mas o apelido já vinha com ele. Era desses com envergadura universal, que ultrapassam todas as fronteiras e acompanham sua vítima onde estiver.

Tivessem subido a Consolação e virado à direita na Maria Antônia, nada daquilo teria acontecido. Mas fora voto vencido. Prevaleceu o caminho mais rápido e curto, defendido com veemência pelo cabeça-dura do Morembau.

Pegariam a General Jardim lá no comecinho, onde estudei francês a vida inteira, dela saindo só lá na Sabará. Teriam que atravessar por baixo do Elevado Costa e Silva, conhecido por Minhocão desde os tempos em que passou a enfear aquele pedaço da cidade.

***

Morembau era amigo inseparável. O "parça" de todas as horas. Tendo-nos deixado nos primeiros dias de 2020, esta história lhe presta saudosa homenagem. Prenome, Fábio. Curto, comum e fácil. Mas era pelo mais complicado que todos o conheciam. Muito magro, de uma magreza que deixava no chinelo, em excentricidade, a gordura do gordo.

Mas nessas coisas de reputação e identidade, o que cola mesmo é o dizer do outro. O eu que acaba prevalecendo para o mundo, no mais das vezes, fica fora do próprio alcance.

O contraste físico não esgotava o pitoresco daquela dupla. O gordo era português. Superorgulhoso da sua nacionalidade. Sempre de bom humor, jeito bonachão, emendava uma galhofa na outra. Colecionava anedotas de seus patrícios. Ria-se do mundo e também de si mesmo. Virtude rara para a idade. Completara dezessete no domingo anterior.

Seu acólito, alguns meses mais novo, era do tipo sério, focado e muito convicto das verdades sobre a vida que um dia lhe ensinaram. Cioso de si, levava-se muito a sério. Reagia com genuína indignação a toda chacota de que fosse vítima.

Dizia emprestar atributos familiares consolidados em gerações. Sabia-se titular de hábitos esculpidos com rigor na tal socialização primária. Mas ele, naquela fase da vida, na hora de falar de si, explicava-se com outras palavras. Claro. Servia-se dos recursos de que dispunha.

***

Fizemos os três anos do colegial, atual ensino médio, na mesma classe. Em período integral, no último ano. Nos outros, não lembro bem. Acho que só permanecíamos na escola à tarde alguns dias da semana, para as aulas de laboratório.

Eles dois, o gordo e o Morembau, formavam uma dupla. Não só para os trabalhos em grupo. Sentavam-se lado a lado na classe, preparavam-se juntos para as provas, conversavam nos intervalos sobre seus assuntos, frequentavam a mesma missa uma vez ao mês e disputavam entre eles o prêmio excelência de melhor aluno.

Já eu, menos afeito a panelas, circulava bem por quase toda a classe. De vez em quando, ia ter com eles para um dedinho de prosa. Era divertido. Um descolamento provisório do senso comum. Éramos CDFs. Hoje, nos tratariam de nerds – eles, mais assumidos e autênticos.

No terceiro ano, além dos dois períodos na escola, a parceria se estendia pela noite. E, nessa, eu sempre me juntava a eles. O cursinho nos tinha agraciado com bolsa integral pelas notas na escola. Honrados, agradecemos. Professores como Heródoto Barbeiro, Fernando Teixeira, Dodô, Abe e outros figurarão para sempre entre os melhores da vida.

Por mais distintos que fôssemos, um propósito comum gritava mais alto, dando de ombros para todas as diferenças: entrar na USP. Cada qual por suas razões. O Morembau, porque o pai dele tinha estudado lá. Eu, porque meu pai não tinha estudado. Nem lá, nem alhures. E o gordo, porque não tinha pai.

***

Vínhamos caminhando desde o largo São Francisco, menos conhecido do que a faculdade que lhe tomou emprestado o nome. Travessia gloriosa. A marcha da vitória. O cartão de matrícula na mão e um calendário de atividades. Gentileza do Centro Acadêmico.

Nenhuma pompa nos papéis. Mas o que significavam, não precisa nem dizer. A vaga no curso matutino e a previsão de pelo menos mais cinco anos com uma baita desculpa para não assumir maiores responsabilidades. Celebrávamos com todos que cruzavam nosso caminho.

Momentos mágicos de ruptura existencial e transgressão social. Talvez os primeiros no gênero. Quem sabe, os únicos em toda a vida. Por isso mesmo, fazíamos a nossa hora. Intuíamos juntos que outro momento desse, de tamanha felicidade, não se espera acontecer.

O trote, bem, nenhum trote é completamente agradável. Mas podia ter sido pior. Já contávamos com a mutilação capilar e a tinta pelo corpo inteiro, e os fatos confirmaram as expectativas.

Quanto ao pedágio, a parte mais chata e constrangedora, nada de muito inovador. Abordávamos transeuntes e motoristas, de boné na mão, pedindo dinheiro para que colegas veteranos se embriagassem.

Nesse quesito, tivemos sorte. Os veteranos que ainda resistiam, vigilantes, deram-se por satisfeitos com o montante de que já dispunham. Juntaram-se aos que regularmente se servem das calçadas do centro para dormir.

Blasfemavam contra os alunos das escolas rivais. Bradavam superioridade em cânticos depreciativos. E nos largaram bem em frente ao Teatro Municipal, esquecendo-se das notas e das moedas que havíamos a duras penas arrecadado.

Do outro lado, o Mappin ainda pulsava com seu letreiro verde, o nome da loja em itálico e uma multidão de clientes.

Fomos vazando de fininho pela 7 de Abril até chegar à praça da República. Rebeldes de meia-pataca, fugíamos apressados de quem nem sonhou em nos perseguir. Com pequena fortuna nos bolsos e a salvo de todo o mal, regalamo-nos com três Cocas em garrafa de vidro e três enrolados de presunto e queijo no balcão de um bar qualquer.

Eu me despedi ali. Eles atravessaram a Ipiranga, passaram por dentro da praça e desapareceram tragados pela cidade e seus cidadãos.

Daqui pra frente, o relato é de segunda mão. Reproduzo o que me disseram no dia seguinte.

***

Passaram ambos pelo coração da boca do lixo, expressão consagrada na época e ainda usada pelos menos jovens. Como observei lá no começo, já não era mais dia. O meretrício corria solto com sua oferta explícita e variada. E com clientes que ainda viriam a estar muito bem de vida um dia.

Ao cruzar as primeiras raparigas, foram notados e saudados à moda dali. Propuseram-lhes beijos, carinhos, afagos etc. Receberam elogios, enaltecendo seus perfumes, pele e até cor dos olhos. Tudo em grande amabilidade. Sem nenhum ressentimento de classe.

Morembau, muito desconfortável, apertava o passo. Por ele, sairia correndo. Tudo ali lhe metia medo. Já seu amigo, menos acuado ante os inéditos da vida, observava aquela abordagem com interesse, tentando interagir como podia.

Foi quando uma das moças lhe pediu para destravar o fecho do sutiã, segundo ela, emperrado. Queria burlar-se deles, por certo. Nessas horas, o gordo era mais gordo que nunca. Alucinado com o pedido e solícito a não poder mais, apressou-se em ajudá-la.

As costas de suas mãos tocaram por segundos de um prazer suave aquela pele macia e perfumada a baixo custo.

Já o amigo, movido por um turbilhão de afetos, como vetores – em caos de direção e sentido – à espera de alguma resultante, afastava-se sem consciência do próprio corpo.

– Porra, Morembau! Espera um pouquinho, meu. Estou tentando ajudar a moça!

Na hora em que as meninas da calçada tomaram ciência daquele nome, as galhofas recrudesceram. Tratar um amigo tão jovem pelo sobrenome já causava espécie. E Morembau se prestava a rimas preciosas, muito alinhadas à atividade-fim daquele espaço de empreendimentos.

Foram, ambos, cobertos de gentilezas inerentes à cultura local. Voltaram para casa com marcas de batom por todos os lados. E com alguns afagos glúteos nunca dantes recebidos em suas curtas trajetórias.

***

No caminho, Morembau, cheio de raiva, grunhia e bufava. Inconformado com o amigo. Com suas atitudes, que ele aprendera a reprovar "desde o berço", expressão que usava para conferir legitimidade às suas convicções.

Relembrava a cena. Proferia vitupérios. Descrevia detalhes. Exagerava nas curvas, na nudez e no moralismo.

O braço franzino erguido, com o dedo apontando o céu, e o anúncio em tom solene, ante uma multidão em auditório imaginário, de que o nome da família fora arrastado na lama. Enxovalhado por gente daquela laia. Que dona Candoca, sua avó paterna, de postura higiênica e ascética, haveria de estar se revirando no túmulo.

Em pouco mais de vinte minutos tinham chegado ao destino, para alívio do gordo, que não aguentava mais. Via-crúcis de oito quarteirões. Na hora de se despedir do amigo, com a orelha quente, mas a lâmina da ironia sempre afiada, o gordo consegue imprimir às palavras um fino tom que lhe rouba toda a certeza.

– Por que você não sobe e toma um bom banho?! Esfregue-se bem para limpar toda essa imundice. Vai te fazer bem. Mas amanhã, por favor, vire a página. Afinal, eu resolvi o problema do fecho da moça em menos de dez segundos. O episódio inteiro não passou de três minutos. E você ainda não parou de me encher. Há quase meia hora nessa ladainha. As moças, Morembau, com suas partes meio expostas, meio encobertas, capturaram seu espírito.

Instalaram-se na sua mente, ocupando lugar de destaque. E impregnaram sua alma, tão frágil e despreparada para o mundo. Que tal priorizar o que está por vir, hein?! Não daqui a vinte anos, quando certamente estará ocupando cadeira no Supremo. Refiro-me ao logo agora. É no daqui a pouquinho que a vida estará te esperando. E você não tem ideia do quanto ela conta com a sua lucidez. Ah! Ia esquecendo. Eu bem que tinha sugerido outro caminho. Quem fez questão de passar por ali foi você.

MORAL DA HISTÓRIA

Amizade é coisa sentida, e é da natureza dos sentimentos serem fáceis de experimentar e difíceis de explicar.

Não precisamos saber o que é a amizade para que tenhamos amigos, assim como não precisamos saber o que é a paixão para que nos apaixonemos.

Às vezes, definições até atrapalham nossa sensibilidade, interpondo razões e ideias que, em vez de nos esclarecer, plantam dúvidas onde antes só havia o sentimento e a ação.

Noutras tantas vezes, porém, quando nos percebemos atravancados por incertezas, definições tornam nossa razão uma poderosa aliada dos sentimentos.

Gosto de etimólogos. Gente culta que ama o jeito como gente, culta ou não, dizia as coisas. Acho que estudam a origem de uma palavra só pelo espanto de perceber que aquilo que se dizia virou outra coisa.

Os etimólogos dizem que amor vem do latim *amore*, que significa amor, mesmo. Assim, do jeito que a gente fala dele hoje. Sem nenhum espanto.

Mas não para por aí. Há outras palavras para se falar de amor, porque não há um, mas vários amores. Amor de mãe, de filho, de amante, amor pelo dinheiro, pela fama, por lasanha de berinjela, e por aí vai.

Alguns amores ganharam palavra própria. O amor pelos amigos virou amizade. Diferente de outros amores, mas ainda amor.

É aquele afeto que nos une a outra pessoa de tal maneira que a sua simples presença nos alegra. Queremos o amigo por perto nos bons momentos, porque eles são para serem compartilhados com quem nos alegra. Também os queremos por perto nos maus momentos, porque amenizam a tristeza.

Como todo amor, é intransitivo. Não se é amigo porque... É-se amigo e pronto! Apesar disso, há quem tente entender os porquês de uma amizade.

Perfeito alinhamento de pensamentos e sentimentos entre duas pessoas? Não, certamente não. Se assim o fosse, só seriam amigos os iguais. O nanico não teria amigo grandalhão, e o magro jamais tomaria um *milk-shake* com o gordinho.

Quem entende possível a amizade somente entre iguais a toma por um sentimento egoísta. Só você pensa e sente como você. Ninguém mais. Nem mesmo o espelho. O outro é sempre diferente. Amor por si mesmo também é amor, mas não é amizade. Tem outro nome: narcisismo. Quem ama só a si próprio tem espelhos, não amigos.

O amor de mão única é incompatível com a amizade, porque ela é o amor em relação. Pode ter um admirador, um puxa-saco. Se famoso, muitos admiradores. Gente que o Facebook chama de amigo. Que reage como se fosse amigo quando a pessoa admirada é ofendida. Como se fosse amigo, comemora e dá parabéns pelas coisas boas que acontecem com o amigo de Face.

Como se, mas não é. Simulação de amizade que também tem outro nome: idolatria. Nela, o idolatrado é tudo. Maior e melhor do que quem idolatra. É submissão. Rebaixamento. O idolatrado precisa olhar para baixo para enxergá-lo, como se faz para perceber tudo que é pequeno, tudo que rasteja, tudo que é desprezível.

Idolatrado, chama de amigo o bajulador somente porque lhe puxa o saco dando "joinhas" e "palminhas". Recebe massagem no ego sem dar nada em troca além da própria imagem. Relação desigual. Incompatível com a amizade.

Amizade é troca equilibrada. De igual para igual. De amigo para amigo. Vale incentivar. Também vale ser franco. Mesmo que entristeça um pouco.

Plutarco, romano antigo, estoico, dizia que o verdadeiro amigo sempre é franco. Aquele que diz apenas o que você quer ouvir não é tão amigo quanto aquele que diz na lata o que você precisa ouvir. O primeiro aplaude os seus vícios como se fossem virtudes. O segundo aponta os seus vícios para que você possa se tornar uma pessoa virtuosa.

HISTÓRIA DOS OUTROS

Quando, em 1957, o Teatro de Adolescentes do Recife levou aos palcos *O auto da compadecida*, a plateia do Rio de Janeiro veio abaixo. Era o primeiro Festival Nacional de Amadores.

O texto "mais popular do moderno teatro brasileiro" foi escrito pelo pernambucano Ariano Suassuna em 1955 e consubstancia a tradição do teatro medieval do português Gil Vicente ao contexto histórico do nordeste brasileiro.

A peça em três atos acompanha as aventuras de João Grilo e seu companheiro Chicó, protagonizando os acontecimentos da forma mais imaginosa. Ambos se envolvem no caso do cachorro da mulher do padeiro, comprometendo uma série de personagens que, em meio às peripécias dos dois amigos, enredam-se numa trama que culmina num julgamento diante de Jesus, da Virgem Maria e do próprio Diabo.

Dentre as personagens que atuam nessa aventura estão, além do padeiro e sua mulher, o padre, o sacristão, o bispo, o cangaceiro Severino e o major Antônio Morais.

O catolicismo que se articula na lógica interna da peça por meio do binômio "bem e mal" é desdobramento da forte cultura religiosa do nordestino. Carrega também influências do teatro vicentino, cujas manifestações estiveram desde sempre vinculadas à Igreja.

Mas, sem dúvida, a grande linha de força do auto é a presença do anti-herói quixotesco João Grilo e sua amizade com o mentiroso Chicó.

Enquanto este é frouxo e exímio contador de histórias, João Grilo tem a esperteza e a argúcia do malandro. É ele, inclusive, quem convence o amigo a participar de seus planos, não importa o quão absurdos lhe pareçam.

Aqui o autor recupera o primeiro grande malandro da literatura brasileira, Leonardo, de *Memórias de um sargento de milícias* (1854), de Manuel Antônio de Almeida. Vindo de uma tradição folclórica e correspondendo a uma atmosfera popularesca e cômica de seu tempo, o herói dialoga com a dupla, que pratica como ele a astúcia pela astúcia, manifestando um amor pelo jogo em si que os afasta do pragmatismo dos malandros de outras tradições.

Faz lembrar também o clássico *Dom Quixote*. Diante da morte, o ingênuo personagem de Miguel de Cervantes deixará ao amigo Sancho o legado cristão de aconselhar bem ao que lhe fere. Atitude de semelhante piedade terá também o bispo corrupto que, instantes antes de seu suplício, abençoa o cangaceiro que será seu algoz. Reconciliação também haverá entre o padeiro e a esposa traidora no momento de seu fuzilamento.

E sobre ela, a morte, refletirá Chicó nesta bela passagem: "Cumpriu sua sentença. Encontrou-se com o único mal irremediável, aquilo que é a marca do nosso estranho destino sobre a terra, aquele fato sem explicação que iguala tudo que é vivo num só rebanho de condenados, porque tudo que é vivo morre".

Quanto à maneira como bispo e padre são apresentados, não seria absurdo admitir a existência de maus sacerdotes, pois a obra carrega também fortes características de farsa.

Durante o julgamento das almas, no entanto, a Virgem explica que, pelas acusações do diabo e a má língua do mundo, é que conhecemos o homem. Da mesma maneira procura absolver o cangaceiro Severino, "pois é preciso levar em conta a pobre e triste condição do homem".

Gabriel García Márquez já disse que "escrever romances é um ato de rebelião contra a realidade (...). É uma tentativa de correção, troca ou abolição da realidade real (...)". Em *O auto da compadecida*, certo sentimento de insatisfação com a vida parece produzir o assassinato simbólico da realidade, ao mesmo tempo que a escancara na figura dos dois amigos miseráveis, lutando como podem para sobreviver.

(...)
JOÃO GRILO

> Quando você teve o bicho? E foi você quem pariu o cavalo, Chicó?
> (...)
> CHICÓ:
> Foi uma velha que me vendeu barato, porque ia se mudar, mas recomendou todo cuidado porque o cavalo era bento. (...) Tomei uma vereda que havia assim e tangendo o boi...
> JOÃO GRILO:
> O boi? Não era uma garrota?
> CHICÓ:
> Uma garrota e um boi.
> JOÃO GRILO:
> E você corria atrás dos dois de uma vez?
> (...)
> CHICÓ:
> Não sei, só sei que foi assim.

O grande mérito de Suassuna foi construir uma peça como um programa da humanidade, com suas fraquezas e misérias, mas também seu senso de compaixão e fraternidade.

Morango
Morango
Morango
Morango
Morango

Capítulo 8

Nilza aliviada

Ele não iria sossegar enquanto não me apresentasse a namorada nova.

Não cabia mais em si. Nem conseguia se contentar, de tão contente que já estava. Quanto às feridas, essas, por certo, as sentia. Mas não doíam. Na doçura enganadora da chama azul, o leite do amor derramou no amante.

É sempre assim. Em fogo que não se vê, todo dar-se conta é sempre tardio.

Estava precisando mesmo transbordar. Diminuir a fervura do desejo, nos raros hiatos de ausência. Dosar o ímpeto pelos corpos em mistura, quando a invasão mútua já não bastasse. Diluir a intensidade de emoções perturbadoras, apelando ao olhar sereno de almas terceiras e mais saudáveis.

Antes que o coração explodisse a panela do tórax.

Como se o simples mostrar quem era o novo amor da sua vida – e toda a conversa fora que jogaríamos por conta – ajudasse a desaquecer a euforia, temperar a ansiedade e evitar que desandassem, rápido demais, aqueles instantes de encantamento recíproco, ávidos pela mais cósmica eternidade.

Tinham sido apresentados havia duas semanas. Ela era atriz. Só para mim, ele já repetira mais de uma dezena de vezes o ofício da moça. Sim, atriz. Com um Z zunido que prolonga o deslumbramento.

***

Marcio Celso é desses raros chefes que se tornou amigo de verdade. E, enquanto não me apresentasse a namorada nova, ele não iria mesmo sossegar.

Era por esse nome duplo que todos o conheciam. Um em seguida do outro. Quem o nomeasse só pelo primeiro era um forasteiro. Alienígena no planeta *cult*.

Muito cá entre nós, por mais que tenha ouvido e enunciado os dois prenomes justapostos alguns milhares de vezes em quinze anos, ainda me soam mal. Não parecem combinar. Por isso, doravante, protegerei sua imagem servindo-me da alcunha M.C.

Exímio articulador de bastidores e notável mediador, arredondava as vaidades dos colegas professores, desmobilizando conflitos com grande habilidade. Ao mesmo tempo, representava-os dignamente, defendendo seus interesses perante os poderosos com destemor incomum.

O melhor chefe de departamento que já vi em ação.

A academia ficara pequena para tanta lucidez. Tantos arranhões por troféus só reconhecidos ali mesmo o fizeram mudar de ares. Tornou-se gestor cultural. E o talento desse carioca de Petrópolis permitiu a um mundaréu de artistas e intelectuais, sedentos de plateia e aplauso, dar vida a espaços de arte e saber que só enriqueceram a nossa cidade de São Paulo.

Chegou a oferecer mais de cem cursos simultâneos de curta duração. Todos zelosamente higienizados de qualquer aplicabilidade. Despidos de toda utilidade vendedora. Sem certificados nem comprovações. Deleite do espírito em aulas que esgotam seu valor no imediato do instante vivido. Convites sedutores à mais fina reflexão prazerosa, na companhia de gente com alma sofisticada.

Com formação eclética em muitas humanidades, jeito enigmático de quem pensa o dobro do que diz, M.C. pode ouvir, por horas, angustiados parlapatões. Falando pouco e quase sussurrando, ele os seduz sem nenhuma pressa.

Galanteador avesso aos palcos mais iluminados, age nas sombras dos cafés, no olho a olho dos espaços estreitos, das distâncias curtas, nos bancos altos de um glúteo só. Esses sem encosto, em frente ao balcão.

Não carece de dias ou horas cheias para produzir estragos amorosos. Pelo contrário. Seu charme funciona melhor nos anódinos intervalos. Naqueles minutinhos de vida espremida, vazios de si mesmo e ricos só por dar acesso ao vindouro. Úteis pelo que vem depois.

Com sorriso indefeso e olhar de conjectura, pincela de significado cada piscar de olhos. Subtrai do cotidiano fragmentos de vida habitualmente condenados à lixeira de um passado sem memória.

E se, porventura, o bom da vida fosse começar só em cinco minutos, antecipa a fruição e esvazia o devir tão esperado. Preenche de ternura imediata o vazio passivo da esperança. E tudo isso no apagar das luzes. Entre o primeiro e o terceiro sinal.

***

Elisandra cruzou seu caminho em situação muito favorável.

Ao final do espetáculo, os aplausos generosos a sua Cleópatra foram saudados sem pressa. Sorvidos palma a palma. Em longas curvaturas de tronco, braços bem abertos e mãos entrelaçadas ao resto da trupe.

Na porta do camarim, M.C. a aguardava com toda a paciência e um pretexto nobre escondido na manga esquerda da camisa de flanela. Pretendia convidá-la para uma *performance* em seu espaço. Em parceria com algum professor de filosofia, se ela concordasse.

Um amigo que participara da peça aparece do nada e facilita a abordagem. Segue protocolo sumaríssimo de apresentação, no limiar mais seco da polidez, e se vai.

Melhor impossível.

Além de minucioso no passo a passo das estratégias, M.C. sempre contou com as forças do acaso no seu time.

A diva protagonista voltaria de táxi. M.C. se oferece para levá-la. Com todo o prazer. Pede licença, constrangido, para, antes, dar uma passadinha rápida em casa. Esquecera algo importante. Residia no charmoso Copan, edifício em curva, cartão-postal de São Paulo, obra de Niemeyer.

Ali, chegaram nos primeiros minutos de um sábado. E, de lá, só saíram sessenta horas depois. A despedida da segunda se arrastou em intermináveis "eu te ligo", "só mais um beijo", "te espero", "vê se me chama" e que tais. Doze minutos de elevador obstruído, agarramentos derradeiros, bocas em bico à distância e xingamentos condominiais.

No caminho, ao deixar o teatro, M.C. discorreu com humildade calculada sobre seu doutorado em letras, focado no teatro grego. Alternava dados muito concretos, da mais alta distinção, com avaliações subjetivas de fingido desdém pela própria *performance*.

Terá falado também, por certo, sobre sua vida de estudante em Londres, bem como das pessoas com quem convivia.

Enfim, atacou com o que tinha nas mãos e entupiu a roleta da moça com seu bem fornido saco de fichas.

***

Não era o melhor dia para me apresentar à moça. Mas ele decidiu trazê-la assim mesmo. Sua vaidade clamava por essa volta olímpica.

Elisandra teria chamado a atenção de qualquer jeito. Muito bonita e convencida da sua beleza. Jovem de juventude escancarada, dessas que estapeiam o embevecido e retomam a guarda muito antes de qualquer iniciativa.

Estimei trinta anos, com doze deles bem escondidos no cofre de casa.

Não era do tipo que se contentava com as notas mais sutis de encantamento. Veio para arrebentar em todas as escalas. Apresentou-se lépida, fresca e pouco tapada. Atravessou na contramão a sobriedade esperada para a ocasião, atraindo, assim, todos os olhares.

Foram entrando sem resquício de hesitação. Cruzando, imunes, o maldizer dos despeitados. Sabiam de sobra quem estavam procurando. E, assim focados, vieram a ter comigo em poucos segundos de passos resolutos.

Sem fazer qualquer menção ao evento, pareciam cumprir, perante legítimo porta-voz da transcendência, um contrito ritual de iniciação, desses tão bem descritos por antropólogos. Dos que tiram sua força da crença compartilhada e convertem qualquer par de lascivos fornicadores em casal ungido.

Fui logo dando minha benção para encurtar o encontro e deixá-los o quanto antes entre si. Apegos amorosos desses avassaladores, sabemos bem, são excludentes de terceiros. Dissolvem de imediato toda intrusão.

Sentaram-se colados num banco. Pouca gente em volta. A galera, mesmo, só chegaria mais tarde. Os poucos que se encontravam naquele recinto decidiram, em silêncio resignado, tomar a fresca. Já era setembro corrido, e o confinamento abafado marcava de suor os tecidos menos arejados.

Isolados, enfim, engalfinharam-se, numa aproximação de fazer inveja a adolescentes em primeiro beijo escolar. Ora tateando, ora apalpando com autoridade, M.C. tirava da moça gemidos e poses à altura das melhores produções para púbico adulto.

***

Nem sequer se deram conta da presença de minha mãe.

Dona Nilza, ali, era mais ela do que nunca. Conferia à cena todos os tons da discrição. Passaria sempre longe de constranger quem quer que fosse. Sem se fazer notar, ausentava-se na presença.

Dessa forma, garantia generosamente aos demais a liberdade de agir como se sozinhos estivessem. A salvo da castração de todo olhar terceiro. Regidos apenas pelas forças vitais mais ativas. E, quem sabe, por algum princípio moral remanescente em suas consciências.

Nesse caso, estariam de fato à vontade, no seu estrito sentido.

Quanto a ela, permaneceu como mais lhe apetecia. Olhos fechados. Postura reflexiva. E alma apaziguada.

Deixemos por hora os três aí. Parecem entretidos em seus mundos.

Toda polidez, mesmo a mais frouxa, espera do anfitrião antecedência face aos comensais. Admito, perante os poucos e desorientados leitores, que não foi o caso daquela reunião. Responsabilidade minha, absolutamente. Entediante por demais teria sido, como justificativa, um registro surrado da pobre circulação urbana.

Quando cheguei, Dona Nilza já estava. Até aí, contornável. Afinal, mães perdoam, onde quer que estejam.

Mais grave era a senhora que lhe fazia companhia, de quarenta balzaquianas primaveras e fisionomia não completamente estranha. Também pudera.

Há experiências visuais que, se repetidas, refrescam as mais asfixiadas memórias. Rosto branco de clara em neve. Cabelo amarelo-gema. Enfim, um ovo de pessoa. Decorado com olhos azuis-turquesa como das piscinas mais limpas.

Saudou-me com braço esticado, mão direita estendida, dorso pra o alto e sorriso contido. Pôs-se ao meu dispor. Como em novelas de época. Margot Benin, seu nome. De pronúncia afiada nos cafés do boulevard Saint Germain. Com destaque para o "r" do Margot, que massageou a garganta mais profunda e o "in" anasalado do Benin. Como Cardin, ou Chopin.

Para os mais chegados, Mimi. A advertência me fez conservar o Margot, na única vez que a chamei pelo nome.

Angolana de pais eslavos, nutrida em Paris da infância à maturidade, desfilava na mais alta diplomacia. Especialista em cerimoniais. Talhada em etiqueta de literatura, deu-se conta em meio olhar da imprecisão embaraçosa de meus esforços de memória. E lembrou-me prontamente de onde nos conhecíamos.

Fora mestre de cerimônia de um evento para educadores em Belo Horizonte. E "tivera a honra única na vida" de anunciar o meu nome para proferir a palestra inaugural.

Era possível que fosse verdade.

Ainda assim – ou por isso mesmo –, não entendi a sua presença. Por que estaria ali? Bem ali, com a alva mão pedindo lábios? Não se tratava de uma passada rápida e equivocada no final da noite embriagada.

Fora a primeira a chegar. E muito solícita, arrumava tudo o que julgasse em desalinho. De um jeito a mostrar indulgência face aos compreensíveis deslizes de quem deveria ter feito as honras.

A presumida parceria profissional a que ela se referia, tão rápida e anódina, não justificava, nem em enredos de nonsense mais radical, o zelo preocupado com os detalhes.

Afinal, tratava-se de reunião íntima. Para pessoas próximas. De convívio mais que frequente.

Depois de saudada por mim sem o ósculo sugerido, apresentou-me o pai. De fato, havia alguém ao seu lado. Um palmo e meio mais baixo que a filha, parcialmente calvo, e todo o resto também comum.

Dele só me dei conta quando expressamente nomeado.

Português de nascimento, angolano de sentimento e, agora, brasileiro por alimento. Fora ele mesmo a propor a fórmula rimada da tripla nacionalidade.

– Caçador de subversivos.

Com esse título honorífico e um tapa amistoso no braço, pretendeu quebrar o gelo, na camaradagem simpática. O protocolo da intimidade também enfileirou um sorriso sem graça, mãos esfregadas com força e os pés em V, com os calcanhares unidos bem fincados no chão, e as pontas descoladas abrindo e fechando como para-brisas antigos.

***

Olhei para ambos e supus não estar no meu juízo ordinário. (A expressão juízo perfeito, mais usada nessas ocasiões, sempre me pareceu pretensiosa.) Tinha que estar bem mal da cabeça naquela hora e lugar. Mas logo atinei que, quando isso acontece, costuma faltar lucidez para se dar conta.

Tive certeza da sanidade relativa e mais trivial de minha cachola ao constatar, na articulação muda do seu interior, a infinita sutileza e criatividade do real para propiciar encontros devastadores.

O mundo decidira de inopino organizar um campeonato internacional de falta de noção. Justo ali, onde corria em paralelo homenagem contrita à criatura mais situada e respeitadora do razoável que conhecera em toda a vida. Dona Nilza. Você já foi apresentado a ela. A minha mãe.

Ainda na intimidade dos discursos nunca enunciados, concluí que só delirantes de baba verde-musgo podem sugerir alguma equivalência estatística entre o bem e o mal.

Ou entre a alegria e a tristeza.

Porque, ao cabo de dez anos, vacas magras raramente engordam. Costumam, sim, morrer. Possivelmente torturadas por algum caçador de subversivos angolano, assistente de penetra em reuniões familiares.

Fugi. Sem nenhum receio de parecer rude. Simplesmente virando as costas. Reflexo de proteção contra o mundo que ora afeta de tristeza. Esquiva emergencial contra novas agressões iminentes.

Afinal, se não passamos de um esforço ininterrupto para perseverar no próprio ser, urge, a todo instante, um diagnóstico rápido do que possa comprometê-lo, ameaçá-lo ou francamente decompô-lo.

E quando soluções convencionais, socialmente aceitas ou toleradas, afiguram-se inviáveis, espasmos de discernimento indicam ante, mundos que estão a nos destruir, a rota de fuga mais sumária.

Por isso, vazei, sem mais.

Em nome da preservação desse aglomerado finito e temporário de matéria que se move, articula palavras com significado, produz pensamento e crê escolher e decidir livremente.

Células de vários tipos, formas e tamanhos, socadas no interior da pele fronteiriça, que, nas últimas cinco décadas e meia, aprenderam por aí não só o próprio nome, Clóvis, mas também os atributos de identidade que estão autorizadas a chamar de seus.

Pois é, esse tal de Clóvis, iludido de si mesmo ou não, estará sempre bem distante de entregar os pontos. Não aceitará tão fácil o rebaixamento afetivo da vida. Ainda mais na lavra burlesca de uma Cleópatra feita às pressas ou de um Dom Quixote de loucura sem graça.

***

Refugiado em outro cômodo com amigos mais chegados, a última notícia era que os invasores tinham partido. Uma boa-nova, ao menos. Mas prematura. Como costumam ser as boas-novas. De fato, retiraram-se provisoriamente. Mas retornaram.

Entendendo que pudesse haver pouca comida para todos que certamente chegariam, tinham decidido fazer umas comprinhas no supermercado.

– Algo para forrar o estômago.

Eram vários sacos. E, no seu interior, só bolachas. Ou biscoitos, como disseram ao anunciar o próprio gesto.

– De vários tipos, para não enjoar.

Mas todas, todas, recheadas de morango. Eram 48 pacotes. Nem mais, nem menos. Contados um a um pelo faminto mago Meucci – hoje professor emérito da Universidade Federal de Viçosa –, que já na época odiava recheios de morango.

Terão ido agora. De vez. Não os vi mais.

De fato, muita gente acabou chegando mais tarde. E as bolachas tiveram saída. Talvez pela falta de qualquer outro alimento que lhes disputasse a preferência. No sobrepor dos ponteiros, os espaços estavam tomados.

***

Dona Nilza tinha mais conhecidos do que eu poderia supor. Muitos me eram completamente estranhos. Minhas visitas, restritas a domingos e finais de dia, me privavam de cruzar os parceiros dos turnos matutino e vespertino.

Em suma, quase tudo da vida de minha mãe me escapava.

Pelo visto, não faltara ninguém. Da Dona Vaços, vizinha de uma vida inteira na Manoel da Nóbrega, ao seu Cabral, que se estabacou caminhando de lá da avenida Angélica para saudá-la.

Dona Raquel, das primeiras a chegar, só superada pela anfitriã e pela cerimonialista de Luanda, era visita regular dos domingos em pensão completa. E sempre a acompanhava em *sesta* estendida na sala de estar.

Vieram também Vani, Maria Polaca, seu Waldyr e a turma da aula de cerâmica. Sem falar de toda a parentada. Se linhas disponíveis houvesse para discorrer, um tiquinho que fosse, sobre cada uma dessas personagens, o leitor, que já está para lá de desconfiado, aí, sim, teria todos os motivos para marcar consulta em meu nome com o Dr. Pinel.

***

Tio Ercílio pediu a palavra. Era sempre ele, na hora da verborragia eloquente. Um Acácio tupiniquim. Imbatível na arte de justapor vocábulos inúteis em frases circulares, que deixam o ouvinte em segurança, no mesmo ponto de onde partira.

Seu jeito sacerdotal conferiria ao evento um arremate de dignidade e sobriedade aparente por cima dos tijolos carcomidos pela bizarrice. Um verniz de erudição antiga salpicado de memória claudicante.

– Elvira, desde que nos deixou sua mãe, sempre foi o esteio magno, a viga mestra, o sustentáculo maior do nosso núcleo familiar.

– Tio! É Nilza. N-i-l-z-a.

– Elvira sempre reuniu atributos só apetecíveis às inteligências mais altaneiras. Como as que se encontram reunidas nesta tenda, em modesto festim de congraçamento.

– Nilza, tio Ercílio. Ela não deve de estar gostando nada dessa confusão de nomes. E depois, que tenda? Que festim?

– Elvira há de perdoar o mau jeito com as palavras. Bem, sabe, nunca fui um Górgias.

Dona Nilza, minha mãe, polida e indulgente, tudo escutou. Até o final. Na mesma posição.

E, na elegância calma em que vivera a vida toda, assistiu aliviada ao fechamento do seu caixão.

Naquele instante, tornei-me um fiel. Fidelidade à vida finita. Não só ao seu fim, mas também ao seu durante. Em corpo vertical, alma titubeante e a certeza do término. Vida por um fio. Só ela pode ser nossa. Só dela podemos dispor do nosso jeito.

Tudo que tem valor vem daí. Da raridade escancarada. Minguar inexorável. Brevidade acelerada da vida.

E cada Dia das Mães só foi tão mimado, planejado e curtido – em meio a crianças perecíveis – porque sempre soubemos que, mais cedo ou mais tarde, comeríamos, famintos, bolachas de morango, Ercílio tomaria a palavra, Dona Raquel iria ao Morumbi, e o escuro florido das mãos entrelaçadas devolveria Nilza ao não ser.

Ah! Ia esquecendo.

Segundos antes, dei pela falta com espalhafato indignado. E Lili, a sobrinha querida, lhe devolveu constrangida a grossa aliança de matrimônio que tomara para si de lembrança.

Agora, sim. O velho Clóvis de Barros, já farto de esperar, podia recebê-la feliz.

MORAL DA HISTÓRIA

Respeito é a maneira como uma relação acontece. Está nas regras que orientam o modo de nos comportarmos com alguém. Relação e regras são sua essência.

Comecemos pelos tipos de relação respeitosa.

Por ser relação, é preciso que exista alguém ou alguma coisa que seja seu objeto. Tudo dependerá de como esse objeto é percebido.

Egoístas, por exemplo, não respeitam ninguém, porque não enxergam nada além deles mesmos. Respeito exige atenção ao outro. Preocupação com o modo de se relacionar com outro. Coisa cada vez mais difícil de se ver neste mundo ensimesmado e cheio de pessoas preocupadas com os próprios problemas e indiferentes aos sentimentos dos outros.

Em ambientes de trabalho, há chefes e subordinados. Escala que vai do CEO até o estagiário novato. O primeiro, quando entra em uma sala, todos veem. Quando fala, todos se calam. Já o estagiário entra e sai imperceptível como vento fraco. Quando fala, ninguém faz silêncio para ouvi-lo. Ninguém o escuta.

Esse modo de perceber o outro tem menos a ver com o outro e mais com nós mesmos. Na percepção do outro, é o nosso olhar que conta. Há quem veja uma pessoa e a considere chata, babaca, mesmo. Não a respeitará. Outro, vendo a mesma pessoa, pode considerá-la doce e amável, gente boa. Respeitará.

Esse olhar sobre o outro não é apenas a imagem física de quem se percebe. É também o físico acrescido de significado, valor e sentimentos. O físico pode ser percebido da mesma maneira por todos, mas significado, valor e sentimentos são de cada um.

Um primeiro sentimento que gera respeito é o medo. Nesse caso, respeito como uma atitude submissa. Cuidado de não provocar antipatia naquele que possa lhe causar dor ou tristeza, como um chefe ou sujeito forte e invocado.

Talvez o medo seja a forma mais comum de se inspirar respeito. Tanto o é que, muitas vezes, as tentativas de se fazer respeitar vêm acompanhadas de ameaças ou demonstrações de força. Como o sujeito que, ao pedir respeito, lembra o outro que é faixa preta em jiu-jítsu. É bom respeitar, senão...

Mas medo não é o único sentimento que leva ao respeito. Há outros mais nobres, como a admiração. Respeita-se porque se vê no outro algo digno de se ver, de se admirar. Algo que acha legal. Como o estagiário que respeita o chefe porque vê nele um cara bacana, que o orienta e ajuda.

A admiração não é como o medo. Não é respeito reativo a um perigo, mas ativo. Coisa de quem quer o admirado cada vez mais digno de admiração. Pode até extrapolar os limites da relação, como o fã que aporrinha o ator que admira para lhe pedir autógrafo em momento indelicado. Num velório, por exemplo. Mas isso é coisa de quem tem dificuldade de entender as regras do respeito.

Noutras vezes, o que nos leva ao respeito é não o que percebemos no outro, mas como entendemos o papel social que o outro desempenha. Exige uma visão dos outros não apenas como indivíduos, mas também como parte de uma sociedade da qual igualmente se faz parte.

Como o respeito que se tem às prescrições do médico, mesmo o considerando uma pessoa antipática. Respeito pelo que sabe e significa. Seria possível abrir mão do indivíduo, mas não do que ele faz. Respeitar por compreender a importância social é ato de reforço do papel social mais que do indivíduo que o desempenha.

Há quem não perceba isso, como o desembargador que, por fazer o que faz, por ter o poder que tem, acha que o tratamento de "excelência" que lhe é dirigido diz respeito à sua pessoa, e não à sua função. Passa a exigir deferências palacianas mesmo longe dos palácios da Justiça. Sente-se desrespeitado por não ser tratado com deferência sublime pelo vendedor de cachorro-quente da praça. Outro exemplo de pessoa que tem dificuldades em compreender as normas do respeito.

Há também o respeito pelo que se considera sagrado. Coisas assim são vistas como mais importantes que nós. Acima de nós. Repletas de regras de respeito. Às vezes, não se pode tocá-las. Outras vezes, só podem ser olhadas de relance.

Nem sempre o sagrado tem a ver com religião. Há dias sagrados para nós. E só para nós. Daqueles em que temos que cumprir a agenda de passeio, visita a alguém importante ou outros compromissos tão superiores a quaisquer outros que dizemos mantê-los religiosamente. Chova ou faça sol.

Difícil de entender, porque hoje nada mais parece sagrado. Afinal, sacralizamos a vontade. Se eu quero, então está certo, e minha vontade deve ser respeitada. Quando a vontade vira algo sagrado, nada mais o é, pois é justamente sobre a vontade que o sagado deveria se impor.

Uma última forma de respeito, a moral. Escolher respeitar simplesmente por respeitar. Ter o respeito como valor que caracteriza a sua conduta. Mesmo que sofra, respeita-se, porque quando o respeito é atributo moral a regra vale mais do que o resultado.

Não se respeita porque o resultado é bom. Respeita-se porque é o certo e pronto! Isso basta.

Coisa que se vê em pouquíssima gente. Quem é assim não compra para os outros apenas o biscoito que ama. Não fornica em velório. Não furta aliança de cadáver. Coisa rara como um palito de picolé premiado.

HISTÓRIA DOS OUTROS

É certo que *Os Maias*, obra-prima de Eça de Queiroz, chegou aos leitores contemporâneos muito impulsionada pela requintada representação cênica feita para a televisão em 2001.

O romance de 1888 retrata a decadente aristocracia portuguesa na segunda metade do século XIX, por meio da trágica história de uma tradicional família de Lisboa.

Pedro, filho do patriarca Dom Afonso da Maia, é um rapaz melancólico, destruído pela morte da mãe. É nos braços da bela Maria Monforte que conhecerá a felicidade somente. Do romance, para sempre rejeitado por Dom Afonso, serão fruto Carlos Eduardo e Maria Eduarda.

Um dia, durante uma caçada, Pedro fere acidentalmente o príncipe italiano Tancredo e o convida a sua casa para que se recupere. Monforte, entretanto, apaixona-se pelo hóspede, que a convence a partir.

Na fuga, levará consigo a pequena Eduarda, deixando Carlos aos cuidados do pai. Este, ao se dar conta da perda, suicida-se.

O garoto passa, assim, à guarda do avô, cujas mãos protetoras garantirão uma infância feliz a despeito do ocorrido.

Já moço, Carlos Eduardo vai a Coimbra cursar medicina, e lá conhece alguns dos seus grandes amigos de vida afora, dentre eles, João da Ega.

A obra de Eça de Queiroz, mesmo a uma leitura mais descuidada, desdobra-se na intensa problemática do campo *versus* cidade. Tanto que, nos primeiros livros do jovem socialista, como *Crime do padre Amaro*, as personagens se transformam em paradigmas que encarnam um tipo social combativo.

Mas já em *Os Maias*, o escritor realista parece construir um romance nas duas direções: a rural e a urbana. Afinal, o cavalheiro Carlos Eduardo deve ser explicado pelo menino Carlinhos, criado saudavelmente nas terras da Beira, forjando o seu caráter numa vida sem medo.

Desse eixo moral do livro, que consiste no contraste entre a vida vazia e estéril da urbana Lisboa e a vida digna, reta e autêntica do velho Afonso da Maia na província, saltará outro: a incapacidade dos urbanos de se integrarem a uma sociedade verdadeiramente moderna e progressista.

Quando o jovem Carlos, educado e doce, se apaixona por uma moça misteriosa, Eça de Queiroz começa a construir essa oposição que culminará na vitória trágica da cidade sobre a pureza do campo. A linda Maria Eduarda, recém-chegada a Lisboa, é casada com um homem que abomina, o velho Castro Gomes. Nada se sabe sobre seu passado ou sua família, exceto que haveria uma irmãzinha falecida havia muito tempo. Os dois passam a viver um romance ardente, quando a verdade se precipita: Carlos Eduardo e Maria são, na verdade, irmãos.

É João da Ega quem fará a revelação ao amigo, fraturando-o para sempre.

Quando retorna a Lisboa dez anos depois, após fugir do romance proibido, Carlos Eduardo é um homem partido.

Em seu melancólico desfecho, os dois amigos caminham lado a lado por um bairro remoto de Lisboa. Carlos, virando-se para o outro, conclui: "Ao menos assentamos a teoria definitiva, a existência. Com efeito, não vale a pena fazer um esforço, correr com ânsia por coisa nenhuma".

Ao que João da Ega emenda: "Nem para o amor, nem para a glória, nem para o poder…".

Eça de Queiróz cultivou para sempre a velha moral portuguesa, o culto idealizado da honradez campestre. Se num autor como o francês Stendhal, em seu magnífico *O vermelho e o negro*, as personagens adquirem uma ética própria, como no caso do fascinante Julien Sorél, em Eça, ao contrário, há um apelo à norma, e os que dela se afastam estarão condenados para sempre.

No romance, João da Ega, "homem de gosto e *sport*", é quem opera a verdadeira desgraça na vida de Carlos Eduardo ao revelar a verdade em nome da honra.

Servindo como uma espécie de reparo na aferição do comportamento do amigo, ainda na última cena, João da Ega reflete: "E que somos nós? (…) Que temos nós sido desde o colégio, desde o exame de latim? Românticos: isto é, indivíduos inferiores que se governam na vida pelo sentimento, e não pela razão…".

Nesse momento, ao perceberem que se aproxima a condução para o centro, partem em direção a ele, correndo e gritando, numa síntese patética: "Espera! (…) Ainda o apanhamos!".

Na adaptação de Maria Adelaide Amaral para a televisão, a insustentável postura de João da Ega recebeu uma acomodação. Na minissérie, a descoberta do fato ocorre quando a mãe do casal, de retorno a Portugal, reconhece o filho junto a Maria Eduarda e se dá conta do ocorrido. Uma solução que retira das mãos de João da Ega a infeliz escolha da revelação.

ESTE LIVRO NÃO ENSINA NINGUÉM A SER FELIZ.

Tampouco a viver momentos de felicidade. Também ficarei devendo alguma fórmula para medir ou simplesmente diagnosticar a felicidade própria ou alheia. No entanto, ao longo das páginas, aqui e acolá, pode haver algum prazer. Uma satisfação decorrente da graça de uma ideia, da pertinência de algum exemplo.

Ao afirmar que a felicidade é inútil, não sugiro que ela não tenha valor. Que seja ruim. Que não valha a pena persegui-la ou entender do que se trata. Pelo contrário. O inútil pode ser bom. Não prestar pra nada pode indicar uma preciosidade inestimável. O bem supremo.

Aqui você se coça:

– Como assim? Onde pode estar o valor de uma coisa que não presta pra nada?

Se esse questionamento não lhe interessa, se o que você espera da leitura de algo com "felicidade" no título não coincide com o que este livro promete, melhor recolocá-lo na estante.

Agora, se a ideia de uma coisa inútil ser preciosa desperta uma inquietação em você, vá para o caixa.

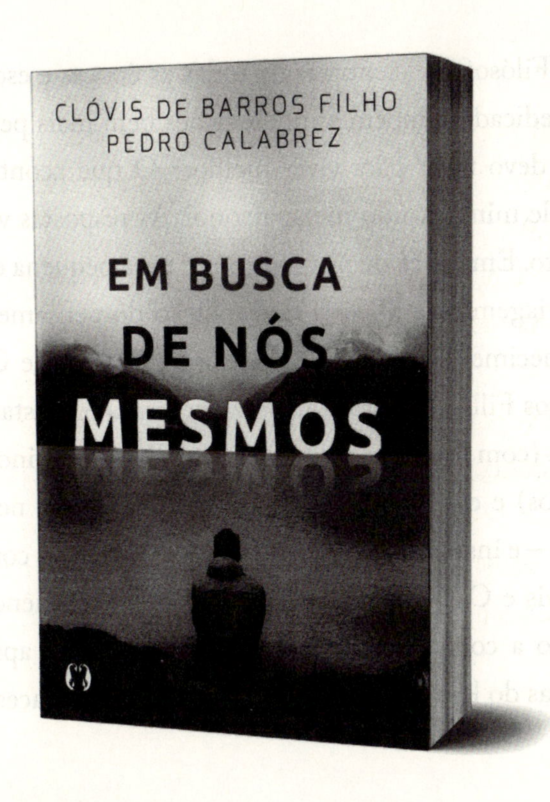

QUEM SOMOS? DE ONDE VIEMOS?
PARA ONDE VAMOS?

Perguntas manjadas, é verdade. Mas quem nunca pensou nisso pelo menos uma vez na vida? O questionamento sobre nossa existência, origem e destino tem sido tema de profunda reflexão dos maiores pensadores da humanidade ao longo de três mil anos e, mais recentemente, dos cientistas. As perguntas são as mesmas desde que o homem começou a pensar. As respostas não. Muito pelo contrário.

Filósofos e cientistas de todas as épocas e escolas têm se dedicado também a inquietações bem mais pessoais. O que devo fazer para viver melhor? O que acontece dentro de mim quando me apaixono? As respostas variam. E muito. Em busca de nós mesmos é uma pequena e agradável viagem pela história da evolução do pensamento e do conhecimento humano. O diálogo informal de Clóvis de Barros Filho e Pedro Calabrez apresenta respostas da filosofia (com as ideias de Aristóteles, Platão e Spinoza, entre outros) e das ciências da mente (psicologia e neurociências) – e instiga o leitor a chegar a suas próprias conclusões. Clóvis e Calabrez aproximam a filosofia da ciência, revelando a complementaridade dessas visões. E aproximam ambas do leitor com um texto descontraído e acessível.

CITADEL
Grupo Editorial